U0509315

二十四史

资政用人故事评析

齐晓杉 叶锋 编著

上海远东出版社

上海人民出版社

图书在版编目（CIP）数据

　　二十四史资政用人故事评析/齐晓杉，叶锋编著.
上海：上海远东出版社，2024. —ISBN 978 - 7 - 5476
- 2057 - 1

　　Ⅰ. K204.1

　　中国国家版本馆 CIP 数据核字第 20247PC590 号

责任编辑　　王　皑
封面设计　　李　廉

二十四史资政用人故事评析

齐晓杉　叶　锋 编著

出　　版　上海遠東出版社
　　　　　（201101　上海市闵行区号景路 159 弄 C 座）
发　　行　上海人民出版社发行中心
印　　刷　上海锦佳印刷有限公司
开　　本　710×1000　1/16
印　　张　18.75
插　　页　1
字　　数　243,000
版　　次　2024 年 10 月第 1 版
印　　次　2024 年 10 月第 1 次印刷
ISBN 978 - 7 - 5476 - 2057 - 1/K・208
定　　价　78.00 元

前　言

历史的江河奔腾而去，浪花淘尽英雄。"以史为鉴，可以知兴替。"以史为马，可以奔向远方。千百年来国人一直相信通过借鉴过往的历史经验，可以更好地认识当下的现实状况，并有可能预测到未来的发展趋势。正所谓上可以借鉴之治国安邦，下可以看别人的故事教训来修身悟道。自从司马迁首创"究天人之际，通古今之变，成一家之言"的《史记》获得官方认可与学界和民间的传播，历代统治者都重视正史的编修工作，唐贞观三年（公元 629 年）正式设立史馆于禁中标志着官修史书制度化的确立。两千年积累下来乃有"二十四史"，总共达3 213 卷，约 4 000 万字。这成为中华文明体系中一座令人肃然起敬的巨大宝库。

正因为体量庞大，即便是专修通史之人如吕思勉这等大家通读三遍也用了五十年，又遑论常人。我们这本小书既然瞄准"资政用人"，尤其是"用人"这一观史角度，所以在写作的前期准备时很自然地就想到了对于《资治通鉴》的利用。首先我们通读《资治通鉴》，标记出与之相关的人物故事，然后再参考"二十四史"中的本来出处做进一步的深度学习，最后才是展现一个"中国故事"。这很像小泉八云通过收集《怪谈》对日本民间故事进行整理。而我们在相对漫长的爬梳洗剔过程中，确实发现除了孟尝君、刘邦等家喻户晓之人的故事之外，还有大量经典传奇、典型事例就隐藏在浩瀚的历史文海中。能否将这些故事重新推到新时代前台，让更多的人认识和学习，这成了写作的一大乐趣与动力所在。虽然我们的每一段描述都忠实原著，不曾有一些经典作品中的那种天马行空般的想象力驰骋，但是历史本身就是那么精彩辉煌，倒也不需要我们在"辞达而已矣"外有更多的挥洒。我们只希望在披沙拣金之后能够把更多的中国故事、中国人物、中国声音带到公众面前，让大家知道祖国曾经拥有怎样的一群格局、胸襟、智慧手段都出类拔萃的人物，以及他们如何建立了彪炳史册的煌煌功业。

本书的故事评析不是那种鉴赏辞典的偏向文学修辞及传世意义的解读，而是主要基于现代人力资源管理、管理学、心理学等学科而加以联系生发。过去在学界多有对中国古代思想史、中国古代哲学史、中国古代心理学史的微词，但我们这本小书不予辩驳。我们相信高空之上都有着灿烂的阳光，中国故事的大森林中蕴含着人类智力高级活动的花朵，可以给任何学科提供养料或带来启示。正因为小，也因为来源丰富，我们只希望通过本书的这些优势可以让更多的读者获得"马上、枕上、厕上"的便利就好。如果没有一针见血那是我们自身的功力有限，如果意犹未尽那是读者们不偏于一隅的开放空间。虽然近百篇故事有分门别类，"述而不作"中也力求不要千篇一律而多有改弦易辙，好在本来就是三千年以来文字，花样总是不少，另类《百喻经》想来也不至于令读者有同款同系列的审美疲劳。

当前，数字化赋能正日益融入经济社会发展的全过程，这深刻改变着我们这个世界的存在方式。技术的迅猛发展似乎已经部分回应了黄仁宇在《万历十五年》中提出的"数目字管理"，互联网、大数据、云计算、人工智能、区块链等技术在国家治理各领域的应用夯实了国家治理水平持续提升的基础。如此一来，那些三公九卿、举孝廉、九品中正、科举考试等名词似乎离开我们越来越远。但是中国人相信万事万物与时空交错中始终存在着一个"道"，我们很难说在这本小书中提及的一些植根于人性的问题就不会是在人类以后依然会遇到的永恒性问题。何况即便有各方的数字化珠玉在前，可在人类大脑植入学习芯片梦想成真之前，读一遍书是读一遍的功夫依然还是"学而时习之""温故而知新"的一个颠扑不破的常识真理。美军"深绿"系统研制的暂时搁置恰恰说明"莫拉维克悖论"对于人类尊严的某种维护。我们由学习产生的智慧从根本上而言还是无法代劳或过于轻省的。

世上必读之书极少，不必读之书甚多。吾生也有涯而知也无涯，言尽于此，感谢读者们每一次翻开的刹那。

——写于 2024 年第 29 个世界读书日

目　录

1

第三编　招贤纳士讲境界

第四编　聚才留才在尊崇

第七编　选人用人看德才

第八编　识人选人重考察

第九编　人才任用依才干

第十编　育才养才抓根本

第一编　得人才者得天下

真正的国家宝藏

公元前 355 年，战国两大诸侯齐威王与魏惠王相约到郊野田猎。

狩猎之余说起闲话，魏惠王问："你们齐国有什么特别的国宝吗?"

齐威王回答："没有啊。"

魏惠王表示不信："寡人国家虽小，尚且有直径超过一寸的宝珠，可照亮前后各十二乘车辆的就有十枚。难道以齐国之大却无宝物吗?"

齐威王含笑回答："那我对于宝物的认识与您可不尽相同。我有一位叫檀子的大臣，安排他防守南城，则楚人不敢来犯，泗水流域的十二诸侯皆来朝拜齐国。还有一位叫盼子的大臣，安排他镇守高唐，则赵国人不敢东渡黄河来打鱼。我的官员中有位叫黔夫的，安排他守护徐州，则燕国人、赵国人分别在北门和西门祭拜求福，投奔而来的百姓有七千余家。我的大臣中还有一位叫种首的，安排他防备盗贼，则治安良好道不拾遗。此四位大臣，能够光照千里，又何止十二乘车子那么近呢!"

惠王听后，不禁面有惭色。

魏国是三家分晋当中最强大的一个诸侯国，在战国初期魏文侯建立魏国以后，任用李悝变法，使魏国率先强大，雄霸一方。魏文侯死后，儿子魏武侯继位，本想任用吴起做大将，结果吴起遭到宰相公叔痤的排挤出奔到楚国。反而使得楚国强大起来，开始逐鹿中原，饮马黄河。可见，人才流失从魏武侯就已经开始，而到了他儿子魏惠王继位以后，魏的人才流失情况更加严重。比如我们熟知的商鞅、孙膑、张仪等能臣都曾在魏惠王治下怀才不遇，最后只能在其他国家大放光彩，甚至还帮助其他国家击败了魏国。好在魏惠王能够知错就改，在数次兵败之后以谦卑之姿态和优厚的待遇招贤纳士笼络了一批人才，外加魏国家底雄厚，所以虽然马陵之战之后魏国开始走下坡路，但依旧保持了大国的地位。但是，总的来看，魏惠王的一手好牌并没有打好。

（参见《史记·卷四十四·魏世家》《史记·卷四十六·田敬仲完世家》）

故事评析

政以才治，业以才兴。自古以来，都是得人才者得天下。当今世界，人才资源是第一资源，无论对一个国家，一个企业，还是一个组织。有没有人才，是干事创业的前提；有了人才，能否发挥作用则是干事创业的根本。当下，积极有为的国家、组织、企业都把人才作为战略资源来抓，都把人才工作放在突出位置。良禽择木而栖。打造引才、用才、惜才、爱才的良好环境和干事创业平台，是激发人才创造活力的根本。为政之道，唯在用人。选人用人必须突破陈规，开辟人才发展广阔通道，以事业引领、以待遇保留、以情感融合、以成就激励，营造人才辈出、人尽其才、人尽其用的新局面。

未能善终的霸主

"靡不有初，鲜克有终。"很多人和事情有好的开始却不一定有好的结局。因为时过境迁，人和事都是会随着时间、环境的变化而变化的。齐桓公就是这样一个历史上的"两截人"（以后有名的"两截人"还有东吴孙权和唐玄宗李隆基等），他给人们留下了深刻的人生教训。

公子小白（后来的齐桓公）是齐襄公的弟弟。齐襄公在位的时候荒淫无度，凌辱大臣，破坏国际关系，引起一系列内忧外患。明眼人都看出此时的齐国就是一个随时可能引爆的大火药桶。齐襄公的弟弟们唯恐城门失火殃及池鱼，于是纷纷出逃他地：公子纠去了鲁国，公小白去了莒。后来齐国果然发生内乱，齐襄公与篡位者公子无知相继被杀，此刻经历过政坛喋血的齐国急需一位合适的继承人。闻听此讯，公子小白与公子纠分别在自己老师的陪伴下日夜兼程赶往齐国。公子纠的老师管仲不仅向鲁国要了一支护送部队，而且还带了一部分人前往公子小白回国的必经之路上截击小白的队伍。在截击行动中，管仲一箭射中了公子小白，小白当场倒下，管仲见此情况，便不再与小白的护卫死战，而是迅速撤退，去向公子纠报喜，于是护卫公子纠的鲁国军队便放心缓行，走了六天才到齐国，结果却发现公子小白已经继位了。原来管仲那一箭只射中了小白的带钩，小白当时是佯装死去，然后他的队伍继续日夜兼程赶往齐国，所以抢先到达齐国完成了继位手续，成为新一代齐君。

齐大鲁小，齐桓公在继位当年的秋天便出兵击败了鲁国，并乘胜要求鲁国杀掉公子纠，再交出公子纠的老师召忽和管仲，以便齐国把这二人剁成肉酱。鲁国方面一一答应，杀死公子纠，绑了管仲（召忽已自杀）送交齐国使者。齐桓公本欲杀管仲报一箭之仇，但听从老师鲍叔牙的劝说，为了霸王大业放下仇恨，委管仲以国政。在贤相管仲的辅佐下，齐桓公一次又一次控制住自己的欲望与情绪，发挥出一流的政治智慧：在尊王攘夷的大旗下，齐国成为中原多个诸侯国的盟主，抵御了北方游牧民族与南方楚国的入侵，九合诸侯，一匡天下，一时间风头无两足足火了四十年。孔夫子也感谢这对君臣对华夏文明天子礼乐的捍卫，说齐桓公是"正而不谲"，还将轻易不许人的"仁"字安放在管仲头上。

公元前645年，管仲病故。在他病重时，齐桓公曾亲自前往探视，并在病榻前询问起下一任国相的候选人。管仲先是把问题踢了回去："知臣莫如君。"齐桓公就问："你看易牙这人怎么样？"管仲回答："此人为了讨好您，把亲儿子做成美食献给您，这不是人之常情，这种人用不得。"齐桓公接着问："那你看开方这人如何？"管仲回答："此人不好好侍奉自己的父母却来陪侍您，也不是人之常情，这种人不能用啊。"齐桓公最后问："竖刁怎么样呢？"管仲声音衰微却肯定地回答道："这个人肯把自己阉割了来宫里伺候您，这更加不是人之常情，最好别亲近他啊。"回答完这几个问题，管仲已是油尽灯枯，齐桓公看自己说的三个人选都得不到肯定也颇有些兴味索然，君臣谈话就此打住。管仲去世后，齐桓公把管仲的遗言当了耳旁风，很快就信用易牙等三人，让他们掌管国政，而自己却在后宫花天酒地享受生活去也。

起初，齐桓公在继承人问题上打算放弃太子昭而改立得宠的小儿子无诡，这种公然违背礼法的行为让齐国内部很快出现分裂，齐桓公的十几个儿子中有五个开始拉帮结派谋求太子的地位。如此闹到公元前643年冬十月齐桓公去世，易牙与竖刁联手杀进齐国王宫，拥立公子无诡为齐君，原本的太子昭只好出逃宋国。

由于齐桓公的儿子们为了争夺王位打起了内战，死去的齐桓公无人问津，他的尸体在床上放了整整六十七天，腐烂生出的蛆虫多得爬到了门口。一直到当年十二月，齐桓公的尸体才入棺，又到了来年八月，才正式下葬，可说是死得很没面子。更加严重的是，齐国经过这样的内乱以后，国力大为衰减，在国际政治上再没有当初那种一言九鼎的话语权了。又过数代，齐桓公所属姜姓系统的齐国更是被田姓齐国所取代，齐桓公统治末期也成了姜姓齐国由盛转衰的转折点。

（参见《史记·卷三十二·齐太公世家》）

故事评析

齐桓公信用管仲的时候，能够让自己的情感为理智所控制，比如放过劫持自己的刺客曹沫，本是报复蔡姬却顺势去责问楚国不按时进贡包茅，接受周襄王的赏赐时坚持跪拜……但是离开管仲的辅佐之后他就失去了政治家的风范与管理者的头脑而信用小人，终于导致齐国发生严重内乱。管仲这个人才的存在几乎成了齐国的保险丝，后世托名于他的《管子·权修·第三》说："一年之计，莫如树谷；十年之机，莫如树木；终身之计，莫如树人。"管仲在辅佐霸主导其向善上显然很有一套。

魏武挥鞭任智力

"东汉末年分三国",波澜壮阔的时代造就了无数英雄人物和典故逸事,而伴随着通俗文学的发展,在民间流传的三国故事也呈现出精彩多元的样貌。在这些故事中,曹操无疑是主角之一。曹操不仅是优秀的政治家和军事家,而且还是建安文学代表人物三曹七子中的核心人物,创作了不止一篇千古流传的文学作品,从这个角度来说,当时与之地位相当的人无一能够超过留下了"横槊赋诗"典故的他。

公元184年,黄巾起义爆发,东汉王朝逐渐对全国局势失去控制,全国人民跌进黑暗崩乱的世界,"铠甲生虮虱,万姓以死亡。白骨露於野,千里无鸡鸣"。胸怀大志"奋身出命"的曹操在三十岁时加入军队,从此戎马一生,灭黄巾,讨董卓,诛二袁(袁绍、袁术),最后还要对付另外两大英雄刘备(天下英雄,唯使君与操耳)与孙权(生子当如孙仲谋)。

论出身,曹操在法理上是宦官曹腾之后,家庭背景与社会地位远不如四代人连续当上三公(太尉、司徒、司空)高官的袁氏家族。论兵力,他起家兵力很少,士兵也缺乏选练。这样的曹操其实本没有做"魏武帝"的资本,但他年轻时就意识到自己的短处,于是雄心奋发,不怕牺牲,改造现实,讲求实际,延揽人才,一步一步建立起名誉和功勋。在连天不休的烽火中,曹操酷爱钻研各家兵法,为现传注解《孙子兵法》第一人。同时他又绝非纸上谈兵,连诸葛亮都称赞他"其用兵也,仿佛孙吴(孙子、吴起)"。公元200年,四十五岁的曹操在官渡之战中以少胜多一举击败了袁绍，随后统一中国北方。曹操率领手下边打仗，边生产，奠定了曹魏政权在三国中疆域最大和人口最多的基本优势。

英雄梦早在官渡之战前就不乏设想。话说曹操与袁绍曾共同起兵讨伐挟持汉献帝的大军阀董卓。有次两人在一块闲聊，袁绍问曹操："如果这次讨伐不顺利，你会以哪里为据守之地呢？"曹操反问袁绍："足下的意见如何呢？"袁绍说："我会南面据守黄河，北面依靠燕、代之地的险要，再联合戎狄的兵力，然后南下争雄天下，这样或许可以成就大事吧。"曹操听完一笑："我呢，我打算依靠天下富有才智的那些人（任天下之智力），以'道'去驾驭他们，这样应该无所不可，没啥搞不定的了。"若干年后，袁绍凭借家族资源率先成为北方第一大军阀，坐拥冀、青、并三州土地，雄兵号称百万。而昔日好友曹操此时已是与袁绍你死我活的对手。当时许多人都不看好曹操方面的实力，但郭嘉却偏偏放弃袁绍投奔曹操而来。曹操在与郭嘉交谈时直言袁绍兵强马壮，他想去讨伐却觉着自己实力不够，然后问郭嘉怎么办。郭嘉则回答说袁曹之争，袁绍有十败，曹操有十胜。其中，就用人方面而言，袁绍表面似乎宽宏大量，而内心却量小嫉贤，用人多有疑忌，真正得到他重用的都是自己的亲戚子弟；曹操是对人表面平易简约，内在英明机智，用人不疑，唯才是举，不问远近，气度上完胜袁绍。此外，袁绍借助家族历代积累的政治资本，习用高谈阔论一类的手段沽名钓誉，所以吸引的人才多为哗众取宠之士；曹操以至心待人，推诚而行，不务虚名，对有功之臣又非常大方，因此吸引来的都是有真才实学的忠正之士，这是曹操在德性方面对袁绍的超越。所以曹操必胜，袁绍必败。

后来的事情果然如郭嘉所料进行发展，袁绍手下谋士虽然也不少，但遇到袁绍这样多谋少断的领导却也无法生成有效决策，反而引起不少内斗内耗。相反，曹操却能在谋士们的建议中迅速判断出最有价值的那个并立即推动执行，很多时候还亲自去贯彻落实。官渡之战前，曹操善待降将关羽，利用关羽的万人敌本领斩了袁绍手下的名将颜良。进入官渡之战的相持阶段，根据从袁绍方面投奔而来的许攸所带来的重要信息，曹操亲率五千步骑奔袭，火烧袁军乌巢军粮。加上袁军大将张郃、高览的倒戈，终于以不满一万的兵力击溃了袁绍的十几万大军，成就了史上以少胜多的经典战例，奠定了统一北中国的基础。

（参见《三国志·卷一·武帝纪》《后汉书·卷七十四·袁绍刘表列传》《三国志·卷十四·程郭董刘蒋刘传》）

故事评析

什么资源才是成就事业的最关键资源？答案就是人才。其他资源都是死的，只有人才是活的，依靠人才可以更积极主动地去操控其他资源实现扩容增值强效。相反，像袁绍这样强调地理优势的人并不在少数，战国魏文侯就曾感叹"美哉乎山河之固，此魏国之宝也"。但是很快就遭到随行的吴起的反驳。如果没有人才辅佐和群众拥护，什么地理优势都是发挥不出来的。所以看到主流，分清主次，对于创业者来说很是关键。曹操在《短歌行》中说要效仿"周公吐哺，天下归心"，之后果然凝聚了他的"吾之子房""吾之樊哙"，最终统一北方成为一代雄主。

陆机《辨亡论》

前四史（《史记》《汉书》《后汉书》《三国志》）之所以在二十四史中地位超然，一是它们在很大程度上垄断了有关那个时代的历史记载，二是其本身质量也确实过硬，作者都是文章大家。《三国志》又是前四史中最为特殊的一部，由于各种原因它没有表、志部分，而裴松之为《三国志》所做的注文字数约超过原文的三倍，其中广采博引了许多原始材料，因此裴注也被认为可以当作正文来阅读。今天介绍的陆机《辨亡论》就来自裴松之的注，后来萧统将其收入《文选·卷五十三》并流传至今。

陆机出身江南大族吴郡陆氏，为孙吴丞相陆逊之孙、大司马陆抗第四子。与其弟陆云合称"二陆"，文采倾动一时。《辨亡论》写在东吴灭亡八年之后。作为东吴重臣的子孙，他深深感慨吴末帝孙皓耗损祖业，投降西晋，于是撰长文评论孙权得天下及孙皓亡天下的原因，又追述自己祖父和父亲的功业。文章节译大意如下：

当年汉朝失去对天下的控制权，董卓一类的奸臣开始窃命掌权，祸害京师，毒遍宇内。于是群雄蜂起，义兵四合，吴武烈皇帝孙坚慷慨起兵加入讨伐董卓的义军队伍。孙坚去世后，长沙桓王孙策有命世逸才，虽然是弱冠秀发，但能够招揽遗老共同创业，以寡击众向东进攻，攻无不克，战无不胜，最终通过诛叛和柔服双管齐下平定江东有了自己的地盘。在这个过程中，孙策得到了张昭与周瑜两大君子，他们都是志向宏大、机敏有奇才、风度优雅、通达聪明的人物，他们获得重用也吸引了同类汇聚，从此江东多士矣。

正当孙策谋划北伐，准备重新扶持汉朝皇帝之际，他遭人刺杀，于是大业未就，中世而陨。这时候集中了几乎所有帝王美德的孙权大帝出现了，他有圣明之心，举动不凡，从政能继承优良传统，务实节俭。本人好谋善断却又到处寻访人才。很快国家有了异人辐辏、猛士如林的大好局面，四面八方的人才像车轮辐条一样汇聚于孙权大帝这个轴心。于是大帝以张昭为师傅，周瑜、我爷爷陆公（陆逊）、鲁肃、吕蒙入为心腹，出作股肱；甘宁、凌统、程普、贺齐、朱桓、朱然等人奋其威，韩当、潘璋、黄盖、蒋钦、周泰之属宣其力；风雅则诸葛瑾、张承、步骘以声名光国，政事则顾雍、潘濬、吕范、吕岱以器任干职，奇伟则虞翻、陆绩、张温、张惇以讽议举正，奉使则赵咨、沈珩以敏达延誉，术数则吴范、赵达以祈求鬼神致福，董袭、陈武杀身以卫主，骆统、刘基强谏以补过。正因为得到如此众多人才的辅佐协助，孙权才能割据山川，跨制荆、吴两大地区，而与天下争衡。

公元208年曹操凭借战胜之威，率百万之师南下，打算一举统一天下。却被周瑜以偏师迎战，黜之赤壁，曹军丧旗乱辙，曹操仅而获免。公元222年刘备又以帝王之号，率巴、汉之民，结垒千里，志报关羽之仇，图收湘西之地。而我陆公在西陵挫败刘备大军，令他覆师败绩，绝命永安。由是曹魏、蜀汉两邦之将丧气摧锋，魏人请好，汉氏乞盟，三国鼎峙而立。公元229年孙权称帝，帝业稳固。其后孙权虽然去世，但是旧法未废，老臣尚在，所以吴国还能稳定一段时间。直至吴国末年，老臣皆已故去，吴国百姓离心如瓦解，皇家呈土崩之兆，晋国此时伐吴，虽然晋军不如曹、刘当年强大，但是却灭亡了吴国，这是因为此时的吴国与孙权时代相比，任用的人才不一样啊。

古人说"天时不如地利"，又说"地利不如人和"，还有人说"在德不在险"，意思是说能否守险都是看人啊。吴国的兴起是靠集聚人才，而最终的灭亡则是只有恃无恐于地理上的险要。所以成功的先王都是通达了经国之长规，看明白了存亡的玄机，所以能够谦己以安百姓，敦惠以致人和；宽冲吸引人才，慈和以给士民之爱。如此乃与黎民百姓同庆共患。"安与众同庆，则其危不可得也；危与天下共患，则其难不足恤也。"所以可以保其社稷而固其土宇不被侵犯，就不会发生《麦秀》和《黍离》中所描述的那种令人感叹的悲剧了。

（参见《三国志·卷四十八·三嗣主传》）

故事评析

　　《辨亡论》是与《过秦论》差相仿佛的名篇，最后立意所在都是孟子的名句"天时不如地利，地利不如人和"。文中颂扬吴主孙权的胸怀博大，礼贤下士，善于识别人才，敢于使用人才，真诚信人，虚心纳谏，不听谗言，恤民如子等，既是人君不可缺少的政治品格，又是东吴兴旺发达的基本经验。我们在阅读时，看到作者对孙权时期众多各类人才的罗列也会不禁为之叹服，并意识到"守之以道，御之有术"追求的就是发现、聚合与使用人才，这就是事业上升发达的前提条件，而政教与人才政策的颓败，也是事业崩塌的前兆。

人才才是"活长城"

说到长城，人们一下子就能想到秦始皇当年派蒙恬"将三十万众北逐戎狄，收河南。筑长城，因地形，用制险塞，起临洮，至辽东，延袤万余里"。在冷兵器时代，扼守关隘利用地利进行军事防御是个好办法。秦帝国先将秦、赵、燕各自在北方修建的边境工事（战国秦长城、赵长城、燕长城）连成一线，形成了统一的秦长城，后世的汉、明等王朝也曾重新修葺长城。长城对防御北方游牧民族入侵中原发挥了不可替代的重要历史作用。可是仅仅在秦统一天下的十一年后，蒙恬死于秦二世胡亥与赵高、李斯的密谋。曾经强悍无比的秦长城军团也挡不住秦末群雄并起的大势，最终在巨鹿之战中全军覆灭。而各朝代无论拥有多么坚固的长城，长城本身也不过是"有备则制人，无备则制于人"的战略防御设施而已，如果朝政混乱，社会动荡，兼之不能选择良将镇守，万丈雄关还是会被外敌入侵的铁蹄踏破。

最早镇守长城的名将是战国末期的赵国大将李牧。李牧根据实战需要，把防区内所有税收充作军费，提高军人福利待遇。同时注重提高部队战斗力，每天教练士卒骑射。他不急于出战，而是挑选精干士兵侦察敌情，匈奴骑兵一旦出现就收拢军民坚壁清野。他的这些做法传到赵孝成王那里就成了贪财怯懦的表现，赵王勃然大怒，撤换了李牧。可是替换李牧的新将领经常带人主动出击后，不但无法取得决定性胜利，反而令自身人员和财产损失越来越大。一年多后，边境生产基本废置，人们不敢种田和放牧，纷纷逃离。赵王只好去请李牧再次出山，李牧说："王必用臣，臣如前，乃敢奉令。"赵王正在焦头烂额之际，就全部答应下来，让李牧就按自己的想法来。

李牧重回雁门，一如既往地一味防御，绝不出击。经过漫长而富有耐心的备战，边境官兵士气高涨、弓马精熟，侦察兵也基本摸清了匈奴骑兵的活动轨迹与大本营所在。于是等到时机成熟时，李牧策划了一个诱敌深入的作战方案。通过"大纵畜牧，人民满野"并佯败几次引得匈奴单于率主力大举侵犯，进入了设置已久的包围圈，然后赵国大军分左右两翼包抄，"大破杀匈奴十余万骑，灭襜褴，破东胡，降林胡，单于奔走"。元气大伤的匈奴从此十几年都不敢再靠近赵长城。后来廉颇出走，李牧率赵军攻燕抗秦，在宜安之战中大破秦军，由此进封武安君。李牧的封号为何与在长平之战中坑杀了数十万赵军的秦将白起一样呢？这是因为赵王迁在李牧大胜秦军之后十分高兴，说："李牧，你就是寡人的白起！"

前232年，秦军再次进攻赵国，李牧再次击破秦军。眼见正面战场不能获胜，秦国又祭起当年弄走廉颇的法宝：反间计。秦国以重金贿赂赵王迁的宠臣郭开，让他诬告李牧与司马尚意图谋反。赵王迁听信谗言，斩杀了自己的武安君。三个月后，秦军再度袭来，赵军大败，赵王迁被俘，赵国灭亡。胡三省在《资治通鉴》注里写道："赵之所恃者李牧，而卒杀之，以速其亡。"李牧含冤死了，自毁长城的赵王迁无异于自掘坟墓。

类似的事情在后世还是时有发生。比如东晋至刘宋时期的著名将领檀道济在公元436年奉诏回京，等待他的不是因赫赫战功再次封赏，却是一道将其父子多人全部处斩的诏书。原来是宋文帝刘义隆这段时间久病不愈，就听信大臣刘湛与弟弟刘义康的建议，下决心在自己死前把功高震主的大功臣解决掉。被捕时，檀道济这位多次解除北魏对刘宋军事威胁的大将愤怒地扯下头巾，高声喊道："乃坏汝万里长城！"檀道济被枉杀的消息传到北魏首都平城（今山西大同），北魏诸将幸灾乐祸:"檀道济一死,吴人无可畏惧也!"

恢复健康的宋文帝在公元 450 年再次北伐,结果连吃败仗,被北魏军队一路南下攻到长江北岸的瓜步(今南京六合)。此时的宋文帝登上石头城(遗址在今南京鼓楼区)望着对岸的敌军,忧虑中不禁长叹:"如果檀道济还活着,怎么也不会让魏军攻到这里啊!"只可惜,这时檀道济父子们已经冤死十四年了。

李牧含冤死去了!

檀道济饮恨死去了!

公元 1142 年,抗金名将岳飞被宋庭下大理寺狱,三十功名尘与土,八千里路云和月,最后踏上的是风波亭。

公元 1630 年,不能五年平辽的袁崇焕在京师菜市口被凌迟处死,他临刑口占:"死后不愁无勇将,忠魂依旧守辽东。"可是忠魂依旧,边关勇将何在?那座被明朝加固又加固的长城再怎么雄伟壮观,都再也挡不住清兵入关的洪流……公元 1644 年,清军入关,大明万里江山换了日月。

茫茫历史似乎说出一个答案:修长城容易,请谁来守长城难啊。

(参见《史记·卷八十一·廉颇蔺相如列传》《南史·卷十五·列传第五》)

历史重演

（唐）太宗谓侍臣曰:"隋炀帝不能精选贤良,安抚边境,惟解筑长城以备突厥,情识之惑,一至于此!朕今委任李世勣于并州,遂使突厥畏威遁走,塞垣安静,岂不胜远筑长城耶?"(参见《旧唐书·卷六十七·列传第十七》)

故事评析

　　我国历代兴衰史充分说明，在纷纭复杂的政治、经济、军事与外交斗争中，那些出类拔萃的优秀人才具有举足轻重的作用。只有他们才是保家卫国的"活长城"，没了"活长城"，砖土长城只是一个地标。而现代社会里，优秀人才当然不会遭遇砍头一类的惨剧，但不能保留高绩效员工的组织绝不是高质量组织。那些最有价值员工的离开，带来的不仅是简单的人手不足，而且有组织核心竞争力的丧失。如果他们进入行业竞争对手的公司，对原组织更是意味着可能是致命的打击，失去"活长城"的组织可能会面临破产的命运。

江山代有智囊出

"江山代有才人出，各领风骚数百年。"历朝历代军政要员的身边都不乏智囊谋主，不过如果没有戏曲小说等文艺手段的弘扬加持，或者是主要活动在大一统王朝的开国阶段，那么这些人在民间的存在感就会低不少。一般来说，出镜率最高的是西汉张良、陈平，三国诸葛亮，明初刘伯温……次一级的可能是三国郭嘉、贾诩、荀彧，唐李泌，明姚广孝，前秦王猛……本篇介绍的乃是后赵张宾，他在民间的知名度恐怕也就和秦昭王的樗里子与汉景帝的晁错这两位智囊差不多，不过张宾确实是后赵石勒眼中最有价值的智囊，房玄龄在《晋书》中称赞他是：机不虚发，算无遗策，成勒之基业，皆（张）宾之勋也。

话说西晋永嘉之乱前后，中原板荡，群雄逐鹿，张宾就是这个时期的精英。此人博览经史，阔达有大志，常对同辈的人说："我自认谋略不逊色于张良，只是还没有遇到汉高祖而已。"在漫长等待与精心选择时，他发现了石勒这个人物，于是对亲友说："我见过很多将领，只有这个胡人将军可以跟他一起成就大业。"于是他投奔石勒成为其帐下谋士。公元310年，石勒未听张宾劝阻贸然进攻东晋遭受惨败，次年则根据张宾的计策大败晋军。自此以后，石勒对张宾言听计从，奉其为自己的头号谋士。

公元312年，石勒屯兵葛陂，修造船只，准备南下。不料遇到了连续三月的大雨，石勒军中流行疫病，军粮也接济不上，军卒损失严重。此时又有消息说寿春方向的晋琅琊王司马睿大军准备攻过来，于是石勒就向下属问计。下属中有说要向司马睿表忠以为缓兵之计的，有说要硬碰硬决死突击的，但张宾却表达了与上述意见都不同的想法。首先他认为石勒军曾攻占晋帝国京城，囚禁天子，杀害王侯，所以向晋军输诚是不现实的。其次他也认为石勒军之前准备南下是错误的，现在下大雨就是上天的警示，石勒军应该返回北方拿下邺城，经略河北，这才是夺取天下的势态，至于寿春的晋军，其实只是防备石勒南下而已，如果石勒北返，他们并不会派兵追击。于是石勒听从了张宾的建议北返，寿春晋军果然没有进行实质性的追击。从此，石勒从游击战转为经营稳固的根据地，开始平稳发展。后来石勒迁张宾为右长史，加中垒将军，号曰"右侯"。

此后，石勒听取张宾的计策挫败段氏鲜卑集团，然后又先伪忠后偷袭消灭了幽州王浚，逐渐成为北方乱世中一股势不可挡的力量。公元319年，石勒终于在张宾、石虎的劝说下彻底摆脱前赵刘曜的控制而称帝，建立后赵帝国。他加封张宾为大执法，掌管朝廷。石勒还一直在朝会时称呼张宾为"右侯"，从来不直呼其名，满朝文武没有其他人有这个待遇。

后来，张宾病故，石勒大为悲痛，恸哭着说："老天是故意要我不能成就大事吗？为什么这么早就要夺走我的右侯啊。"张宾死后，程遐继任后赵右长史，石勒在与他议事时，每遇到不合，就会感叹："右侯舍我而去，让我与这样的人共谋大事，这对我不是太残酷了吗？"然后往往能哭上一整天。

后赵虽然一度成为北方地区最强的国家，但是张宾去世后，很大程度上是由于后续智囊缺乏张宾同等级的智慧，导致石勒未能妥善处理好自己去世后的权力交接问题，结果后赵在石勒去世十八年后即亡国，仅在历史上泛起了一朵小小的浪花。

（参见《晋书·卷一百五·载记第五》）

故事评析

　　不知书的石勒十分重视人才。他作为前赵安东大将军征战于巨鹿、常山一代时，就注意网罗当地的知识分子，"集衣冠人物，别为君子营"。张宾就是从这个君子营中脱颖而出的一位智囊谋主。除了建立君子营，石勒还在自己的统治区尽可能恢复学校教育，利用学校积蓄人才，还组织人撰写了《大单于志》《上党国记》《大将军起居注》等。石勒在实践中认识到张宾确有过人之才，于是就重用他，并且用人不疑。他让人才去发掘人才，由张宾领选举事，由各州郡举荐人才。这和前秦苻坚用王猛十分类似。"得贤则昌，不肖则亡，自古及今，未有不然者也。"过早失去张宾、王猛，可以说是造成石勒与苻坚悲情人生的重要原因。

我只钟意你

东晋在淝水之战中击败了当时控制中国北方的前秦，造成前秦核心军力大损，中国北方由此再度陷入群雄并起的战乱之中。在此过程中，除了争夺人口与物资，各国有识之士也都较为关注人才的争夺，试看一例：

话说这南凉秃发家族与北魏拓跋家族的祖先本是一对鲜卑族兄弟，但后来分道扬镳，秃发一族到了凉州一带创业，与北凉、后凉、后秦多有接触与争斗。实力偏弱的秃发南凉常对后秦称臣。

公元406年，南凉秃发傉檀在进攻北凉沮渠蒙逊胜利后，献给后秦皇帝姚兴三千匹马和三万头羊。姚兴便置其为都督河右诸军事、车骑大将军、凉州刺史，出镇姑臧。原凉州刺史王尚因此受命返回长安，原凉州别驾宗敞准备一路护送王尚回去。

宗敞和秃发傉檀早就认识。宗敞的父亲宗燮曾是后凉尚书郎，当年见到秃发傉檀时十分欣赏其人，就拉着他手大大称赞了一番，最后还把宗敞兄弟托付给他。若干年后，当宗敞作为使节与秃发傉檀碰面时，两人还就此事互相致意，傉檀曾当面对宗敞说："你是鲁肃一类的人才，恨不能与你共成大业。"

回到公元406年这一年，此刻傉檀听说宗敞要去长安，就对他说："我虽然得到凉州三千多户人口，但是情之所寄唯卿一人，为何要舍我而去呢？"宗敞说："今天送走老领导，也是为了更好地效忠您啊。"檀问道："我刚坐上这凉州刺史的位子，要做到怀远安近有什么好的方略吗?"宗敞回答:"凉州这块地方虽然凋敝,可也是块重要的战略要地。道由人弘,今后发展如何,实在看殿下怎么做了。这里有很多人才,段懿、孟祎,武威之宿望;辛晁、彭敏,秦、陇之冠冕;斐敏、马辅,中州之令族;张昶,凉国之旧胤……以大王之神略,抚之以威信,农战并修,文教兼设,可以纵横于天下,岂止是河右这一带!"傉檀大悦,赐宗敞马二十匹。

回到长安后,王尚因藏匿后凉吕氏宫人获罪,宗敞就上书为其辩护。姚兴览之大悦,就问黄门侍郎姚文祖:"你知道宗敞这个人吗?"文祖回答:"他和臣是一个州的人,是西边的英隽。"姚兴怀疑奏疏不是宗敞一个人写的,就说:"王尚的文义也很好,会不会是王尚给的思路想法?"文祖回答:"王尚还在南台接受询问,被禁止与外人交往。宗敞在西边的评价很好,优于杨桓。宗敞过去曾与吕超周旋,陛下可以问问他。"姚兴于是问吕超:"宗敞文才怎么样?可以和谁类比?"吕超回复:"宗敞在西边获得的时论甚美,那边把他比作曹魏的陈琳、徐干,西晋的潘岳、陆机呢。"姚兴说:"凉州那种小地方,真会出这种人才吗?"吕超回复:"臣把宗敞的这篇奏章和他其他文字比较,并未发现什么更好的地方。琳琅出于昆岭,明珠生于海滨,如果一定以地域求人才,则文命大夏之弃夫,姬昌东夷之摈士。陛下应只问其文采怎么样,不能以地域来简单判断人物如何。"姚兴听了大为赞赏,遂赦免了王尚之罪。后来宗敞又回到凉州,被傉檀任命为太府主簿、录记室事,典领文书,经办事务。

(参见《晋书·卷一百十七·载记第十七》《晋书·卷一百二十六·载记第二十六》)

历史重演

时利鹿孤虽僭位，尚臣姚兴。杨桓兄经佐命姚苌，早死，兴闻桓有德望，征之。利鹿孤饯桓于城东，谓之曰："本期与卿共成大业，事乖本图，分歧之感，实情深古人。但鲲非溟海，无以运其躯；凤非修梧，无以晞其翼。卿有佐时之器，夜光之宝，当振缨云阁，耀价连城，区区河右，未足以逞卿才力。善勖日新，以成大美。"桓泣曰："臣往事吕氏，情节不建。陛下宥臣于俘虏之中，显同贤旧，每希攀龙附凤，立尺寸之功，龙门既开，而臣违离，公衡之恋，岂日忘之！"利鹿孤为之流涕。（参见《晋书·卷一百二十六·载记第二十六》）

故事评析

秃发傉檀的哥哥利鹿孤在位时就喜听直言谠论。傉檀似乎也熟知三国故事。如果不是因为长期形成的部族意识和生活习惯，加上一直处于敌国的军事包围中得不到喘息的机会，南凉政权的表现也许还可以更好一些。姚兴对于凉州人才的地域歧视是一种当时客观环境限制下的思维折射，但是秃发傉檀还是积极努力地发掘并重用当地人才，使得凉州人才匮乏的局面有所改善。地域虽然是人才产生的天然土壤，也对人才的活动半径有一定限制，但是有志于创业的人绝不会因此而对自己寻求与培养人才的行为设限。近现代有些国土面积不大的国家或地区能够发展起来，往往也是因为主政者拥有开放的姿态与前瞻的眼光。

高欢的遗言

公元546年年底，东魏权臣高欢病重，即将离开人世。

高欢出身于北魏六镇之一的怀朔镇军户人家。随着北魏政权将首都从平城迁到洛阳，国家重心南移，位于北方用来防范游牧民族南侵的六镇军户逐步失去往日优厚的待遇与尊贵的地位，乃至逐渐成为时代的弃儿。政治地位的丧失，军事战略意义的降低，伴随经济上的破产，组织结构上的混乱，各种矛盾交织在一块终于导致了公元524年爆发的六镇大起义。六镇起义坚持了一年又四个月，最后在北魏重兵和柔然骑兵的夹击下失败，降魏的二十余万起义军民被强行迁移到河北"就食"。然而河北本就经济凋零，官府又不给赈济，这些人一路奔波来到河北后却根本无法生存，陷入饥寒交迫的困境之中。于是，公元525年八月，原柔玄镇兵杜洛周首先在燕州上谷（郡治今北京延庆）率降户起义，然后一路向西进入恒州，摆出了攻打恒州州治平城的架势。已成长为地方豪强的高欢就在此时参加了杜洛周起义军。此后高欢一路辗转，在多个势力手下效力，最后成长为一方统帅。公元531年六月，三十六岁的高欢起兵于信都，翌年攻入洛阳，推翻尔朱氏集团，拥立北魏孝武帝元修。三年后，元修出逃，高欢立元善见为孝静帝，迁都邺城，史称东魏。高欢自居晋阳（今山西太原），遥控东魏朝政，专权长达十六年之久。

不过这些都是过眼云烟了，此时的高欢已是病入膏肓，而大将侯景得知了这个消息，就开始拥兵自固。在一次对话中，高欢看出太子高澄面有忧色，就问他："你是担心侯景会叛乱吗？"高澄点头说："对啊。"高欢想了想说："我让侯景专制河南，已经十四年了，此人常有飞扬跋扈之志，也就我还能控制他，确实不是你能驾驭的。等到我死之后，你不要立即发丧，你听我说，先做好这些人事安排。鲜卑老公厍狄干和敕勒老公斛律金都是性情耿直的人，都不会有负于你，是值得信赖的老人。可朱浑道元和刘丰生是远道投奔于我的人，也不会有异心。潘相乐是修道之人，心性和厚，值得你们兄弟信用。韩轨这个人有点戆，对他的憨厚刚直你要宽容一些。彭乐是个难得的心腹，要注意保护好他的锋锐。能对付侯景的只有慕容绍宗，我此前故意不让他富贵，就是留给你用的，你要用非同一般的礼节来重用他，把相关经略事宜交给他办。"

高欢熬到公元547年正月初一，那天恰巧日蚀。高欢叹道："这日蚀莫非是为了我而发生吗？死亦何恨！"遂逝于晋阳家中，时年五十二岁。其后高澄先秘不发丧，按照父亲遗言布置好一切，及时应对了侯景的叛乱。三年后，其弟高洋废黜了东魏孝静帝，建立齐国，史称北齐。高洋称帝后追尊高欢为高祖神武皇帝。兄弟二人的主要班底皆出于高欢遗言。

（参见《北齐书·本纪·卷一》《北齐书·本纪·卷二》）

故事评析

　　由高欢的临终遗言可见他平时一直注意观察身边的各类人才，能够根据他们的不同特点做出相应安排。这一知人能力成为他成就事业的一个基本原因。《北齐书》说高欢为人深沉，富于机谋，极具军政天赋。善用人，不问地位高低，不重虚名，唯才是举。"知人好士，全护勋旧。性周给，每有文教，常殷勤款悉，指事论心，不尚绮靡。擢人授任，在于得才，苟其所堪，乃至拔于厮养，有虚声无实者，稀见任用……仁恕爱士。始，范阳卢景裕以明经称，鲁郡韩毅以工书显，咸以谋逆见擒，并蒙恩置之第馆，教授诸子。其文武之士尽节所事，见执获而不罪者甚多。故遐迩归心，皆思效力。至南威梁国，北怀蠕蠕，吐谷浑、阿至罗咸所招纳，获其力用，规略远矣。"

但由于高欢是倚赖六镇流民之力起家，所以在政治和经济上给予六镇人士很多特殊照顾，面对不法勋贵时也多有纵容。他虽然也支持儿子高澄整治贪腐与吏治，但由于担心影响前方作战，始终不能做到彻底肃清。故终其一生，乃至在后世北齐国家中，六镇勋贵们依旧横行不法，与中原士人的矛盾日益加深，两方内讧甚至互相陷害攻杀，造成了国家可怕的内耗，这从根本上导致了北齐亡于北周。

古今人才政策四大通病

南齐开国时有位大臣叫崔祖思，他出自清河崔氏世家，从小富有志气，好读书史。一般来说，这样的人长大之后会比较有见识，也善于归纳总结。南齐开国不久，崔祖思针对新王朝当如何施政写了篇长文，论及教育、司法、赋税、节俭等问题。希望新王朝能参考里面提到的一些历史经验与管理原则务实运行，从而获得长治久安。

他在文章里先是大力提倡发展国家教育，之后着重强调用人的重要性。然后他又说："天地无心，赋气自均，宁得诞秀往古而独寂寥一代！"也就是说他不相信人才只会在过去某一个时期井喷，而其他时期就是一片人才荒漠。人类在天地之间生存，自然就会诞生各种不同时期的人才，当政者要发现和使用他们。"将在知与不知，用与不用耳。"最后由此归纳总结出古今人才政策中需要极力避免的四大通病：有贤而不知，知贤而不用，用贤而不委以重任，委以重任之后却不信任。

他郑重其事地建议南齐皇帝萧道成学习历史上燕昭王重郭隗而招剧辛，齐桓公任鲍叔牙以求管仲的做法。认为这样一定会在"士修其业，必有异等"的基础上获得天下人才的归附。萧道成见了这篇谈论政事的长文，深以为然，并提拔崔祖思为宁朔将军、冠军司马领齐郡太守，后又进号征虏将军，假节督青冀二州刺史。

（参见《南齐书·卷二十八·列传第九》）

27

故事评析

　　崔祖思为新王朝做的人才政策顶层设计为萧道成所采纳，所以他认为崔祖思是贤能之人，进而予以重任和充分信任。只是由于古代王朝政治往往难以保持政策的连贯性，所以难免人亡政息。等到萧道成的后代萧宝卷上台，不要说什么发现和重用人才了，他的所作所为几乎成了崔文所言四大通病的样板：萧宝卷亲信左右宦官，肆意杀戮大臣，短短三年里就把国家人才折腾殆尽。再加上他大兴土木，重赋百姓，最终激起了萧衍等人起兵讨伐，他本人死于乱军之中，而南齐政权也在他死后几个月就灭亡了。

"一代之宝"张俭

辽圣宗耶律隆绪是辽国的第六位皇帝，他在位期间对内实行改革，大力整顿吏治，任贤去邪，史称"圣宗得人，于斯为盛"，成为辽国的全盛时期。此外他还与宋朝订立了"澶渊之盟"，此后一百多年，宋辽没有大战。

有一次，辽圣宗去云中打猎。那时候有个规矩，就是皇帝车驾所经过的地方，那里的行政长官当有所献，主要是当地特产。结果此地的节度使在拜见皇帝时说："臣境无他产，惟幕僚张俭，一代之宝，愿以为献。"这时候史书里有了一些神话色彩，说辽圣宗闻听此言，想起不久前自己做的一个梦。当时他梦境里有四个人站在身边，他赐给其中两人食物。现在听到"张俭"这个名字，那不是正好对上了里面的"俭"（"俭"的繁体字为"儉"）字吗？于是当即召见张俭，见他容止朴野，是个不爱奢华低调实在的人。辽圣宗问了张俭三十多件有关世务的事情，张一一作答，条理清楚且不乏远见。辽圣宗从此给予张俭特殊待遇，逐次提拔他为同知枢密院事、武定军节度使、南院枢密使。很多朝廷大事辽圣宗都倚重于张俭，他听说参知政事吴叔达与张俭关系不好，就把吴叔达赶出去做康州刺史。后来又拜张俭为左丞相，封他为韩王。等到自己病重时，又拜张俭为太师、中书令，加尚父头衔并受遗诏辅佐太子登基执政。辽圣宗去世后，张俭继续辅佐辽兴宗耶律宗真，为相二十多年，最后以九十一岁高龄在家中去世。

《辽史》形容这位重臣风范时说他特别俭朴，犹如春秋晏婴与西汉公孙弘的做派。他不穿绸缎，食不重味，月俸有余都分给亲旧。一件袍子能穿三十年，皇帝不信他真不换，就让近侍在他袍子上烫了个小洞，结果"屡见不易"。这种俭朴的生活方式在中国古代被认为是贤相的一种标志，被认为能对统治阶级的奢靡之风有所抑制。张俭有五个弟弟，辽兴宗想特批给他们进士身份，张俭也全部拒绝，不把这作为一种殊荣，严守为官本分，维护吏治清明。还有一次有司抓获一个八人抢劫杀人团伙，等把他们斩首后却发现了真正的凶犯。张俭为此多次去找辽兴宗重申要为他们平反，辽兴宗开始不肯，还勃然发怒说："斩首命令是我签署的，难道你还要我来偿命不成！"但最后还是听从张俭的劝说，重新审理，给了八家人抚恤补偿，维护了司法公正。这些案例对于中国古代的政治理念来说十分重要，属于以法治国的重要元素。史书据此确认了张俭作为"一代之宝"的存在价值。

（参见《辽史·卷八十·列传第十》）

历史重演

　　吕尚盖尝穷困，年老矣，以渔钓奸周西伯。西伯将出猎，卜之，曰："所获非龙非彲，非虎非罴；所获霸王之辅。"於是周西伯猎，果遇太公於渭之阳，与语大说，曰："自吾先君太公曰'当有圣人适周，周以兴'。子真是邪？吾太公望子久矣。"故号之曰"太公望"，载与俱归，立为师。（参见《史记·卷三十二·齐太公世家》）

故事评析

　　像张俭这样"举进士第一"或以明经致位的文化精英在本传中还有"好学博古"的邢抱朴、马得臣，"博学多智"的萧朴和"书一览辄成诵"的耶律八哥等人。辽圣宗重用这样一批人才，造成了一代的政治风气，辽国由此很快实现了政治体制的转型，从而能够治理辽阔的疆域，成为强大的王国。

第二编　护才惜才有胸襟

扶植强项令

话说西汉承战国余烈，多豪滑之民；东汉依豪强开国，权贵大姓多有不法行为。这亟需国家机器出面惩治以维护太平盛世。两汉国家机器中不畏权贵，以雷霆甚至残酷手段对治不法行为的官员在当时被称为"酷吏"。董宣就是一位著名的东汉酷吏。

董宣在担任北海相时，北海太守的属官公孙丹新建了一所宅子，然后听信卜工的话，就让儿子随缘杀死一个路人，再把路人的尸体放在宅子里消灾。董宣得到报告后当即逮捕了公孙丹父子并将他们处死。公孙丹家是当地大族，于是公孙一族的几十个人手持武器聚集到董宣府门，称冤叫号。没想到董宣以公孙丹之前依附王莽等罪名把他们全部逮捕，又令手下书佐水丘岑把他们全部处死。青州刺史认为董宣滥杀，就逮捕了董宣和水丘岑，并把董宣送去廷尉审判，廷尉判处他死刑。在刑场上，董宣和其他九个人一起受刑，轮到董宣时光武帝派人阻止了行刑，让他回监狱去，然后又派使者诘问他滥杀无辜之事，董宣一一说了具体情况，最后表示水丘岑是奉自己的命令杀人，请光武帝杀了自己，放了水丘岑。最后光武帝把两人都放了，命董宣改任宣怀令。

后来江夏地区闹匪患，朝廷让董宣出任江夏太守。入境前他发布文书："朝廷因为我能够擒贼所以给我这个职务。如今我带兵前来，你们看到这个檄文后自己琢磨怎么求得平安。"土匪们听说是董宣要来，或降或散，当地很快安定下来。

鉴于董宣这些表现，朝廷特征董宣任洛阳令。而洛阳是当时帝都，权贵扎堆，管理难度不小。

过不多久，考验来了：光武帝刘秀的姐姐湖阳公主有一个得宠家奴在大白天当街杀人之后躲在公主家里不出来，执法人员进不去。过了一阵子，湖阳公主感觉这事儿应该过去了，于是就让那个杀人的家奴给自己驾车出门。董宣就带人在公主的必经之路等着，公主的车马一到，董宣就拔刀上前在地上画了条线禁止前行，高声指出公主的过失，然后喝令那个奴仆下车并当场格杀。湖阳公主回过神来之后立即进宫找刘秀告御状。刘秀大怒，立即召见董宣，打算杀死他让姐姐消气。董宣就叩头说："愿乞一言而死。"光武帝说："你要说什么？"董宣大声说："陛下圣德中兴，如今有奴仆大白天杀死无辜良民，如果放过还怎么治理天下？臣不用您杀，请得自杀。"说完立刻用头去撞宫里的柱子，血流满面。光武帝赶紧命小黄门们拉住他，然后让他给公主磕个头认个错就算了。可董宣还是不干，即便是小黄门想把他的头按下去，他也用两手撑着地，头怎么也摁不下去。这时候湖阳公主对刘秀说："你为白衣时，家里也藏过杀人犯，当地官吏都不敢上门抓人。如今贵为天子，难道还拿个洛阳令没办法？"刘秀笑着说："天子不与白衣同。强项令你请回吧，好好办你的差事。"随即又赐钱三十万给董宣。

得到皇帝如此信赖，董宣把钱分给下属们，带着他们继续打击豪强。洛阳的权贵们从此闻听董宣之名莫不震栗，京城之人又送了他一个"卧虎"的绰号。

（参见《后汉书·卷七十七·酷吏列传》）

故事评析

　　东汉光武帝是出于维护统治的需要而选择支持董宣这样的钢铁酷吏。光武帝支持董宣处死地方豪强公孙丹，处死自己姐姐的犯法家奴，这都是对董宣严正执法的一种鼓励与辅助。既然把权力交给这样的下属，又希望他发挥岗位职责的效力，那么作为上级就要始终支持并保护他的工作积极性。光武帝以皇帝的职责为由顶住了来自姐姐的压力，又及时给予强项令丰厚的赏赐强化他行为的正确性，不愧为一代明主。

皎然明镜独孤公

　　唐初名相有"房谋杜断"的房玄龄和杜如晦，隋初则有一位被誉为"真丞相"的高颎，史书记载其"有文武大略，明达世务。及蒙任寄之后，竭诚尽节，进引贞良，以天下为己任。苏威、杨素、贺若弼、韩擒等，皆颎所推荐，各尽其用，为一代名臣。自余立功立事者，不可胜数。当朝执政将二十年，朝野推服，物无异议。治致升平，颎之力也，论者以为真宰相。"

　　高颎的父亲高宾当年背齐归周成为大司马独孤信的僚佐，深受其信任而得赐姓独孤。高颎从小聪敏有器局，涉猎文史，尤善词令，当地人都说这孩子长大会成为大贵人。公元 580 年，北周宣帝去世，杨坚专政，阴图禅代。他早知道高颎精明强干，并且熟习军事，多有计谋，便想延揽他入丞相府。于是派邛国公杨惠传达自己的意思，四十岁的高颎当即说："我愿受驱使，即使杨公的事业不能成功，我也不怕灭族之灾。"于是任丞相府司录。当时长史郑译和司马刘昉都因为奢侈放纵而被疏远，杨坚愈加看重高颎，视野他为心腹重臣。后来尉迟迥起兵叛乱，派遣自己的儿子尉迟惇率步骑兵八万，进驻武陟。杨坚派出的平叛军队走到河阳就因为众将意见不一而停下了，没有哪位将领愿意率先出击。杨坚就想派人去监军，结果几个手下或推辞或不出声，高颎此时自荐出任监军并大败叛军，回来后进位柱国，迁相府司马，任寄益隆。

　　公元 581 年，杨坚废周立隋，是为隋文帝。隋文帝拜高颎为尚书左仆射，兼纳言，进封渤海郡公，朝中大臣无人能比，以至隋文帝每次都称呼他为独孤而不直呼其名。高颎打算避开太高的权力地位，就上表章请求辞职，请苏威接替。杨坚想成就他让贤的美名，同意他解除仆射的官职。几天后，杨坚说："苏威在前朝隐居不肯做官，高颎能推举他。我听说推荐贤能的人受上赏，怎么能让他离职丢官呢？"于是命令高颎恢复原位，不久拜为左卫大将军，原来的官职不变。当时突厥侵犯边境，杨坚派高颎前去肃清，等高颎回来就赏赐马匹百余匹，牛羊数以千计。又让高颎领新都大监负责新都城的建设，这也为日后的新长安城奠定了基础。那时候高颎时常坐在朝堂北边的一棵槐树下办公处理政务，这棵树与其他景观树不在一条直线上，主事打算要砍掉它。杨坚特别指示不要砍，打算用它昭告后人自己对于高颎的看重竟然达到这种程度。

公元587年，高颎提出伐陈计划。公元588年，四十八岁的高颎作为元帅长史辅佐二十岁的晋王杨广伐陈。在高颎的参谋下，各路隋军势如破竹，一举灭陈。公元589年，平陈大军还京后，高颎因功加授为上柱国，晋爵位为齐国公，赏布匹九千段，定食邑为千乘县一千五百户。隋文帝杨坚慰劳他说："你去讨伐南陈后，有人说你谋反，朕已经杀了他。我们君臣之间亲密的关系，不是苍蝇般的小人所能离间得了的。"高颎又请求让位，隋文帝为此下诏书说："公见识远大，谋略很深，参谋军事，廓清淮海，入掌禁军，我把你当作心腹。自我受命以来，你参与机要，竭诚陈力，心迹俱尽。这是老天降良臣辅佐于我，望你不要再耗费词语来辞职了。"

这以后，右卫将军庞晃及将军卢贲等人，先后在杨坚面前批评高颎为人，杨坚大发雷霆，将他们全都贬黜。杨坚对高颎说："你就像一面铜镜，每被磨莹，皎然益明。"没过多久，尚书都事姜晔与楚州行参军李君才联名上奏说今年水旱不调的责任都在高颎，要求废黜高颎。杨坚仍然选择保护高颎，姜、李二人皆得罪而去。其后杨坚多次赏赐高颎，其中一次就有五千匹缣帛和一所行宫。高颎夫人重病期间，杨坚派使者络绎不绝探望。后来杨坚亲临高宅，又赏赐一百万钱、一万匹绢和一匹千里马。又和高颎结亲，把太子杨勇的女儿嫁给高颎的儿子高表仁。公元599年突厥犯塞，隋文帝命二十五岁的汉王杨谅为元帅，还是以高颎出朔州进击突厥。高颎率军追过白道（今呼和浩特西北），越过秦山（今大青山）七百余里，然后还师。高颎在准备追过白道时，曾向杨坚请求增兵，有大臣据此认为高颎打算谋反，杨坚未有所答直至高颎破贼而还。

（参见《隋书·卷四十一·列传第六》）

故事评析

　　高颎晚年虽然因为被卷入政治斗争而不能善终，但是在隋朝开国稳固政权时期，他一直得到隋文帝杨坚的特别信任与维护。杨坚有鉴于北周宗室孤弱而亡，所以有意让自己两个年纪不大的儿子分莅方面军统领。但是，为了确保胜利，都会安排像高颎这样贞良有才望的大臣作为儿子的重要僚佐。从史书中"上以汉王年少，专委军于（高）颎"的记载，可以看到杨坚除了本人充分信任高颎，还要求儿子尊重高颎的决策。正是在高层这样的大力支持下，高颎才能放开手脚施展出自己的全部才华。

你是我的一面镜子

《韩非子》说神话里龙的喉下有一片直径一尺的逆鳞，一旦遭到触碰就会暴起杀人，还有人说伴君如伴虎。历史上很少有哪个君王与臣子的"蜜月期"如李世民与魏征这样长。

话说李世民作为贵族青年眼瞅着庞大的隋王朝在自己面前崩塌，帝国荣光在十几年里化为血海废墟，而自己也是在乱军中百战功成才荣登大宝。他异常珍惜这来之不易的胜利与成功，有强烈的意愿再塑辉煌，也冀望由此减少他由于玄武门之变而导致的世间指摘。正是怀抱这样一种心态，李世民迎来了他生命中极为重要的那个臣子——魏征。

魏征幼孤家贫，早年为了生存还当过一段时间的道士。他很喜欢读书，因见当时天下渐乱，所以特别喜欢读纵横术方面的书。公元617年，三十七岁的魏征随同武阳郡郡丞参加了瓦岗军。瓦岗领袖李密发现他很有文采，就任命他为元帅府文学参军，负责各种文书起草。但是李密并没有认识到魏征的奇才，把魏征献上的壮大瓦岗十计策随手扔在一边。最终声势浩大但自身存在问题的瓦岗军在群雄争霸中遭到无情淘汰。公元618年，魏征随李密投奔李唐政权。不幸的是，在随后的战斗中他被窦建德俘虏，在窦的手下做了三年起居舍人。公元621年，二十二岁的李世民生擒窦建德，魏征得以再度入唐，成为太子李建成的属官太子洗马。

魏征是个善于发现征兆的人，他很早就认定李世民是李建成登基的最大威胁，于是建议李建成尽快解决李世民。奈何李建成棋差一着，公元626年，李世民发动玄武门之变，清除了太子党。李世民把魏征带到面前指责说："你为什么要离间我们兄弟？"不料魏征毫不怯懦，直爽地回答："皇太子要是早听我的，也就没有今天这祸事了。"李世民素知魏征才能，又见他如此有勇气，出于惜才先是任命他为詹事府主簿，后又任命他为谏议大夫、尚书左丞、秘书监、侍中……魏征遇到这般君王，从此开启了自己建言献策"劳模"的生涯。

据《贞观政要》的不完全统计，从李世民登基到贞观十七年（公元643年），魏征向李世民面陈谏议有五十次，呈送奏疏十一件，针对两百多件事提出看法与建议，累计"数十余万言"，基本得到太宗采纳。两个人还在各种场合"秀恩爱"。一次，魏征对李世民说："我要做您的良臣而不是所谓忠臣，忠臣是自己空有其名，却陷君王于大恶。"还有一次，李世民笑着对魏征说："你当年在东宫太子李建成那边的时候尽心做事，真是让人恨得牙根痒痒。来了我这边，虽然很多人说你行为粗野傲慢，我却觉得这很是可爱啊。"再有一次，李世民新得皇孙，大宴公卿，这时候魏征已经受封郑国公，官居一品。李世民当众说："贞观以前，从我平定天下，周旋艰险，那就是房玄龄排第一，无所与让；贞观之后，尽心为我和国家考虑靠的就是魏征了。"于是赏赐两位辅国大臣。

很大程度上，正是在魏征的反复提醒下，李世民努力克服了君主常见的放纵欲望、好大喜功、轻视群众的坏毛病。他吸取隋朝灭亡的眼前教训，脑子里长期绷着居安思危的一根弦。本着"载舟覆舟"的戒惧之心，尊重生命，自我克制，延缓封禅大礼，谢绝西域入朝，缩减爱女长乐公主嫁妆。而且坚持诚信用人，认真考察干部，"善善而恶恶，审罚而明赏"，打造了相对来说少佞邪小人而多自强君子的贞观团队。于是乎，经过"贞观之治"的休养生息，唐朝社会经济在隋末战乱后得以恢复繁荣，边疆稳固、社会安定、文教大兴，为进入后来的

"开元盛世"奠定了重要基础。

晚年魏征多次以眼疾为由提出退休，他也确实因为长期参与修撰《群书治要》《隋书》《梁书》《陈书》《齐书》等书而逐渐视力不济。但李世民却不肯放弃这面明镜，极力挽留说："卿是我从仇敌俘虏中选拔出来的人才，这么多年就卿敢啥问题都直接指出。卿也明白矿石不经过冶炼提取再锻造成器，那就是废物石块。就算我是矿石里的金子吧，要是我离开了卿这样的良匠，我怎能提炼出那些闪闪发光的成分呢？卿再坚持坚持。"公元642年，李世民拜魏征为太子太师，希望他指导好自己儿子明白为君之道。魏征推辞说我是个爬不起来的病人啊。李世民却说："汉之太子，四皓为助。我之赖公，即其义也。知公疾病，可卧护之。"这话把魏征比作了汉高祖时代卫护太子的商山四皓。但魏征也确实已到了油尽灯枯的时候，公元643年，魏征陷入病危。这段时间，李世民又是派人拿皇家木料给魏征盖房子，又是赏赐其白色的被褥（顺遂其崇尚简朴的心愿），还亲自到魏征府上握着他的手问他还有什么心愿。魏征这样的人当然没有任何物质要求，他说自己只关心国家的未来命运。这次见面后又过了几天，唐太宗在夜里梦见魏征和平时一样又在给他说什么，结果清晨传来消息说魏征已在当晚辞世。李世民闻讯大为悲痛，亲临灵堂恸哭，又下令废朝五天，让魏征陪葬自己的昭陵。

送葬那天，李世民登上西楼，眺望着渐渐远去的魏征灵柩失声痛哭。他诏令百官送魏征灵柩出郊外，亲自书写碑文。葬礼结束，李世民仍追思不已，再赐给实封九百户。有天上朝，李世民对着群臣感叹："我本来有三面镜子，一面铜镜有助我端正衣冠；一面过去历史的镜子让我懂得王朝兴替的玄机；一面以人充当的镜子，可以让我明白得失。如今魏征去世，我算是丢了人镜了！魏征去世后，我派人去他家找还有什么最后留给我的文字。结果还真发现了一页纸草稿，只有前面几行勉强可以辨认，后面都笔迹凌乱得看不清了。上面说：'天下之事，有善有恶，任善人则国安，用恶人则国乱。对公卿大臣，您的感情有爱有憎，憎的就容易只看见他的恶，爱的就容易只看见他的善。所以在爱憎之间应当审慎，如果爱而知道他的恶，憎而知道他的善，除去邪恶之人不犹豫，任用贤人不猜忌，国家就可以兴盛了。'我看了这几句话觉得很有道理，恐怕自己将来也难保不出现魏征说的这种过错。你们可以把这几句话抄在你们的手板上，发现我有这种过错时一定要及时进谏我啊。"

（参见《旧唐书·卷七十一·列传第二十一》）

历史重演

　　古者有语曰："君子不镜于水而镜于人。镜于水，见面之容；镜于人，则知吉与凶。"（参见《墨子·非攻中》）

故事评析

　　有的人才因为才华过人，加上敢于说话，有时难免会伤人，这就需要领导的包容。领导如果日常被手下人的奉承所围绕，则很容易自我膨胀变得独断专行。能够鼓励下属勇于直言，从而修正自己的错误，增强决策的科学性或品德修养方面的监督，这是成功领导者的必备素质。唐太宗李世民是中国历史上的"明星皇帝"，《新唐书·太宗本纪》称赞他"聪明英武，有大志，而能屈节下士"，《贞观政要》中记载了大量他与贤佐的故事，他与魏征的故事就是其中较为著名的一个。

女主用人日月明

古代中国有一部分优秀女性凭借自身努力与机缘踏上政治舞台，展现出高超的管理艺术。她们在通经史、多权谋、善用人方面丝毫不亚于任何男性，而且富有女性独有的魅力。像秦宣太后与北宋高太后都是其中的佼佼者，而武则天更是中国历史长河中唯一的女皇帝，她的治下也是人才荟萃。

武则天从唐太宗宫中的宫女、才人起步，经过感业寺尼姑、昭仪、皇妃、皇后的不同阶梯，令人难以置信地压制了唐皇室宗族和满朝文武的反抗，最终君临天下。武则天专权近半个世纪，不但没有造成社会动乱与国家的分裂，而且使"贞观之治"的一些政策与兴盛局面得到了延续，特别是使唐太宗打破门阀限制、广开才路的人才政策得到了延续和发展。正是依靠广大寒族知识分子中的优秀人物，武则天夯实了自身的统治基础。在武则天的明察善断下，其所在时代涌现出李德昭、狄仁杰、杜景俭、姚崇、宋璟、张柬之等名臣。关于武则天用人实践的历史故事很多，这里择数则介绍。

公元 684 年，徐敬业在扬州起兵叛乱，骆宾王为叛军起草了《讨武曌檄》，从武则天"人非温顺，地实寒微"开骂，骂她掩袖工谗，狐媚惑主，勾引两代唐皇，又骂她残害忠良，杀姐屠兄，弑君鸩母，简直畜生不如。武则天起初听左右念这些时只是微微一笑不以为意，当听到"一抔之土未干，六尺之孤何托"时，武则天惊问作者是谁，左右答是骆宾王。武则天不无责备地说："如此人才，怎么流落到那边去了，这是宰相的过错啊!"于是下令要生擒骆宾王。后来虽然骆宾王在徐敬业兵败后不知所终，这则小故事还是反映出了武则天的襟怀与爱才之心。

六十七岁才即皇帝位的武则天每次见到狄仁杰都要称他为"国老"而不直呼其名，但狄仁杰其实比武则天还要小六岁。狄仁杰好面折廷争，遇到这种情况武则天也往往是听从而不会感到冒犯。年近七十的狄仁杰多次要求退休，武则天都不予批准，还是一直倚重他。正是在狄仁杰的开解下，武则天相信只有儿子会永远祭祀母亲而侄子不可能把姑姑放进太庙，最终没有把权力移交给武三思等人。狄仁杰每次觐见时要跪下参拜，武则天都命人阻止并说："每见公拜，朕亦身痛。"体现出对狄仁杰的莫大尊重与体贴。

除了上述个例，武则天在科举制度上的贡献还要更大。在唐太宗确定用科举使"天下英雄尽入吾彀中"后，武则天进一步发展和扩大了科举，继续冲荡着门阀把持的人才市场。第一，鼓励自荐自举。公元 685 年，她下令九品以上官吏和百姓都可以向官府和朝廷述说自己的才能，请朝廷调查考核是否可以做官或升迁。第二，试用官吏。公元 681 年，朝廷派人分道巡察荐举人才，武则天亲自接见这些人，让他们临时代理某些官职，到期合格者予以正式任命。第三，改进考试。在此之前，科举考试多有因人而舞弊的现象，武则天下令对试卷糊名，从根本上对之进行杜绝。第四，开武举。公元 720 年武则天开创武举，让军官来源有了一定标准保障，也给了更多寒门子弟投身军营的机会。如果说唐太宗在约束、限制皇室宗族利益的同时还不忘保护他们利益的话，那么武则天则无论在主观还是客观上都压抑了这个阶层发展特权的要求，同时在很大程度上断绝了门阀制度卷土重来的可能。为中国传统文官制度体系的确立埋下了一块基石。

（参见《旧唐书·卷六·本纪第六》《旧唐书·卷八十九·列传第三十九》）

故事评析

　　武则天本人爱好文学，多次举办诗歌大赛，本人也写有"看朱成碧思纷纷"一类的佳句。像骆宾王、陈子昂这一类的文士都能够为她真心欣赏。而对文学的爱好也没有影响她在政治上的敏锐判断力。对于实事求是、直言敢谏、政务清明的官员，武则天总是信任有加。所以虽然历代有很多人出于封建正统观念认为武则天不该当皇帝，但是多数人还是赞服武则天的用人和政治成就。《旧唐书》固然说武则天是牝鸡司晨，骂她"夺攘神器，秽亵皇居"，可也认可她的"尊时宪而抑幸臣，听忠言而诛酷吏"。《资治通鉴》则更加肯定武则天的用人方略是她成功的重要因素，说她"虽以禄位收天下人心，然不称职者，寻亦黜之，或加刑诛，挟刑赏之柄以驾驭天下，政由己出，明察善断，故当时英贤亦竞为之用"。明代思想家李贽对她评价更高："试观近古之王，有知人如武氏者乎？亦有专以爱才为心，安民为念，如武氏者乎？"正是有着这样的知人之明，武则天才能引来当时的诸多人才，用他们做到日月当空，政权稳固。事实上，在任用、职位、奖惩与培训进修等人力资源领域，武则天都提供了许多成功的典范案例。

我瘦不要紧

创作"神气磊落，希世名笔"之《五牛图》的韩滉与其父韩休均在唐朝拜相。韩休工于文辞，在唐玄宗做太子时就已经通过考试被发掘为左补阙。这官职是给皇帝提意见的岗位，被用来帮助皇帝避免治国理政中的偏差。韩休生性刚直，显然很适合这个岗位。后来韩休在担任尚书右丞时得到中书令萧嵩的推荐，于六十岁时官拜黄门侍郎、同中书门下平章事，也就是唐朝宰相。萧嵩推荐韩休时可能以为韩休是个读书人，且到了耳顺之年，加之长期担任自己的副手，会比较好说话。可没想到韩休为相之后，遇事该说就说毫不避让。尚书右丞相宋璟见此大为赞叹说："没想到韩休能够做到这样，真是具备仁者之勇的人啊。"宋璟这样说也是与萧嵩对比而言，因为萧嵩的执政风格是凡事唯唯诺诺，而韩休相反，有一次唐玄宗要把万年尉李美玉发配岭南，韩休就出面阻止说："万年尉只是个小职务，他又没犯下大奸大恶之罪，真的要赏善罚恶那也该是金吾大将军程伯献这家伙啊。他仗着您的恩宠贪赃枉法，住宅和车马超标。我请求先处理伯献，再收拾美玉。"唐玄宗开始不答应，韩休坚持说："罪细且不容，巨滑乃置不问。陛下您如果不处理伯献，我不敢奉诏。"如此逆皇帝意的事情发生了好多次。

唐玄宗有时候在苑里打猎或搞音乐活动，稍微铺张一点，就会问左右的人："韩休不知道吧？"结果话音刚落，韩休的劝谏奏疏就送到面前了。后来有一次唐玄宗对着镜子里的自己闷闷不乐，左右就对他说:"自从这位韩休入朝为相,陛下就没有一天欢乐的,当皇帝何必这样忧伤难受,何不把韩休逐出朝廷呢?"唐玄宗则回复说:"我虽然瘦了,但是天下肥了。之前萧嵩每次启奏事情,都是顺着我的意思讲,等我回来总是要担忧天下,不能安寝。韩休那个人刚直,他每次汇报完工作,我回来就不担心天下有什么问题,大可以安睡。我现在用韩休为相,那是为了保江山社稷啊。"于是坚持用韩休为相,韩休此后在工部尚书位置上退下后又任太子少师,封益阳县子。韩休六十八岁过世,赠扬州大都督,谥号"文忠",这个谥号充分肯定了这位老臣的一生。

(参见《新唐书·卷一百二十六·列传第五十一》)

故事评析

就人性而言,很多人在开始干事业时都会锐意进取,但随着时间推移,功成名后就可能出现懈怠享乐的倾向,甚至于到最后放纵任性不受理性控制。唐玄宗在开元时期励精图治,对于重要人才极为尊重甚至忌惮,对于姚崇、宋璟这样的贤相更是言听计从,所以成就了开元盛世。可是后来承平日久,唐玄宗开始进入一种志骄意满的状态,志骄让他听不进别人的谋划,意满让他喜欢听奉承话而听不进逆耳的话。这最终导致了天宝年间的国家悲剧。本则故事正是发生在开元年间,我们可以看到唐玄宗这时候还能够尊重贤明正直的大臣,听到左右挑唆的话也不为所动,能出于对天下大局的考虑而给予贤臣以完全的信任和保护。唐玄宗前期和后期的不同作为导致了不同结果,这值得后人警惕。

忠良护才张承业

在某些传统历史偏见中，认为引发国家祸患的不是女色就是宦官，甚至认为后者的危害有甚于前者。之所以有这样的偏见，很大程度上要归咎于唐代中后期的那段历史，司马光在《资治通鉴》中归纳这一时期的宦官用权时说："然则宦官之祸，始于明皇，盛于肃、代，成于德宗，极于昭宗。"宦官掌握兵权控制朝廷后，往往会给帝国带来一系列恶果，如"窃弄刑赏，壅蔽聪明"，再如"伤贤害能，召乱致祸，卖官鬻狱，沮败师徒，蠹害烝民"。总而言之，帝国的方方面面都会遭到破坏。但是司马光也没用非黑即白的看法去看待历史，他也说在宦官群体里"岂无贤才乎！"张承业就是宦官群体中的一位贤才。而赵翼也在《二十二史札记》中指出："宦寺之贤，世所传不过吕强、张承业。"

张承业是唐末五代时期的宦官，他自幼入宫，被内常侍张泰收为养子。公元896年，五十岁的他出任河东监军，加左监门卫将军，随后因执法严明、公忠体国得到了时任河东节度使的晋王李克用器重，并在公元908年接受遗命辅佐二十四岁的李存勖。这里需要指出的是，在公元907年朱温篡唐称帝后，李克用仍沿用唐朝年号，以复兴唐朝为名与后梁政权相对抗。张承业也确实相信李克用父子"血战三十余年，盖言报国仇雠，复唐宗社"的忠心。

李存勖在张承业帮助下解决了阴谋作乱的叔父李克宁，正式掌权，他非常感激张承业，日常称其为"七哥"，常到张承业家中拜访，"升堂拜母，赐遗优厚"，好得和一家人一样。李存勖在前线带兵作战长达十年，太原大本营的军国政事全部交给张承业打理。张承业就像汉朝的萧何一样在后方发掘人才，积累财富，征兵买马，发展生产，而对于宗室权贵则严格约束，"逾法禁者必惩"，可说是为李存勖的霸业打下了坚实基础。

不过，随着对梁和对燕作战不断取得胜利，年轻的晋王李存勖也有所膨胀。又一次得胜归来后，李存勖需要一大笔钱用于赌博娱乐和赏赐戏剧演员，于是就想到了"七哥"张承业。于是李存勖在钱库中宴请张承业。酣饮之际李存勖让儿子兴圣宫使李继岌为张承业起舞。张承业看完了这场才艺展示，就提出将自己的宝带币马赠送给李继岌。李存勖借机指着一堆钱说："和哥（李继岌小名）无钱使，七哥就给他这一堆吧，你的腰带与宝马也不是啥特别的好处啊。"不料张承业根本不接这幽默，回复到："郎君为我歌舞，承业自出己俸钱。可此钱是大王库物，准拟将来支援三军所用，我可不敢将公物当作私人礼物送人。"李存勖一听这话不高兴了，接着酒劲继续逼张承业掏钱。张承业坚持原则："臣是个老敕使。我又没有子孙需要为他们谋福利，我惜钱为的是大王基业，你要是自己想把钱都施散了，何妨老夫。不过财尽兵散，一事无成。"李存勖这时候酒精上头大怒命人："取剑来！"这时候，曹太后已经听到了这场闹剧，急命人召唤李存勖。李存勖最孝顺母亲，立马醒悟过来向张承业叩头说："七哥，我杯酒之间对不住你，太后一定是怪我酒后失态。还请七哥喝两杯酒，为我分解一番。"他连饮四杯，又向张承业劝酒，张就是不喝。后面曹太后派人告诉张承业："小儿冒犯你，我已打了他一顿，你先回府休息去吧。"次日，曹太后又与李存勖亲自到张承业府中慰劳。

公元 917 年，李存勖拜张承业为开府仪同三司、左卫上将军、燕国公，可张承业固辞不受，坚持做他的"李家老奴"。不过他还是凡事都为李存勖的基业考虑，当时李存勖幕府有一个叫卢质的人，恃才傲物又爱喝两口，曾经喝多了称李存勖的兄弟们为猪狗，这让李存勖很不高兴。张承业看到后担心卢质会因此遇害，就主动找李存勖提议："那个卢质多行无礼，臣请为大王杀之，可乎？"李存勖闻听此言连忙说："我现在正招礼贤士，以开霸业，七哥何言之过也！"张承业等的就是这话，于是耸立而言："大王若能如此，何忧不得天下！"这次交谈后，卢质虽然还有偶尔放肆的行为，李存勖也总是能够包容下来。而卢质的才能也在这种宽松的条件下得到了充分发挥，后来担任了兵部尚书、河阳节度使、右仆射等重要官职。

（参见《旧五代史·卷七十二·列传二十四》）

故事评析

　　李存勖不是一位十分完美的君王，后来他在自觉父仇已报，中原已定后就不再进取，而是开始享乐。他经常和优伶一起玩耍，并给自己取了个艺名"李天下"，结果在公元926年死于兵变。但不可否认他确实有过心怀天下的一个时期，在这个时期，他尊重和爱护人才，能够为此控制自己的某些欲望与情绪，有时即便下不来台也能很快恢复理智，冷静地拿出霸主的行事风范处理事情。而故事中的张承业也是在光复唐室的大愿驱使下完全不考虑个人私利，他为李克用父子爱才惜才，挑选了冯道，又巧妙地保护了卢质。由此可见，欲图成就大业，就必须有惜才护才的胸襟。

一代天骄的瑰宝

公元 1206 年，统一蒙古各部的铁木真在斡难河源称成吉思汗，建立大蒙古国。未来的二十一年里，成吉思汗与他的子孙和部将们将发动一次次对外战争，万马如风纵横欧亚大陆。战争带来的是血腥征服，还是沟通交流，是人们永恒的话题。铁木真是英雄还是屠夫，也随着时代和地方的不同而有不同的认同，然而，铁木真善于用人，却是一个不随时间和地点的变化而变化的普遍看法。

任何一个在历史上有所成就的大人物都绝不会是头脑简单的人。青年铁木真在残酷的部落厮杀中明白了一个道理：你的心胸有多宽广，你的战马就能驰骋多远。为此，他广结盟友，选贤任能，宽厚待人，越战越强，手下拥有了"四杰"和"四獒"。

"四杰"之一的木华黎是奴隶出身，在铁木真称汗那年，他对木华黎说："我与汝犹车之有辕，身之有臂也。"随着木华黎的战功日益增多，木华黎部下有些人称呼他为国王，木华黎告诫他们不可如此称呼。但消息传到成吉思汗处，他不但立即把这个称号封给了木华黎，还加上了个太师头衔，并赐予表示"如朕亲临"的"九斿大旗"。此外，成吉思汗还把诸多兵力划拨给木华黎，让他成为蒙古南下方面军的总司令，并说"太行以北，朕自经略；太行以南，卿其勉之"。受到如此恩宠与高度信任的木华黎对铁木真感恩戴德，此后更是鞠躬尽瘁，临死前还因为未能攻下金国汴京而耿耿于怀，叮嘱弟弟要替他实现未遂的心愿。

　　蒙古大将哲（者）别曾是与铁木真为敌的泰赤乌部神射手。一次交战中，哲别一箭射死铁木真坐骑，差点导致铁木真被俘。可是等到泰赤乌部战败，铁木真在俘房中发现"自岭上射断我马项骨者"的哲别后却不是找他报复，而是发挥他的骑射特长让他作先锋。铁木真认为哲别和者勒蔑、忽必来、速不台"这四个人如猛狗一般，凡教去处，将坚石撞碎、崖子冲破、深水横断，所以厮杀时教其作先锋"，所以史书中也将此四人合称"四獒"。在蒙古西征中，哲别和速不台曾以两万蒙古军全歼八万罗斯诸公国联军，威震东欧。

　　成吉思汗在建立庞大帝国的过程中，不仅仅是只注重发掘军事人才和保留俘房中的工匠，他也很注重发掘政治和文化人才。

　　乃蛮有一个叫塔塔统阿的畏兀儿人，乃蛮的太阳汗尊他为师，委任他掌管金印及钱谷。铁木真消灭乃蛮后抓住了携带金印的他。铁木真就问他这金印有什么用，塔塔统阿回答说出纳钱谷与委任人才等各种事务都可以此为凭据。铁木真觉得很好，自此之后开始使用印章下旨，他还让塔塔统阿教太子诸王用畏兀儿文字书写蒙古语，后来又命塔塔统阿创制蒙古文字。有了蒙古文字，成吉思汗从此开始发布用本族文字书写的诏书，蒙古官员们可以用来登记户口、记录案件与编制法令，军队也设立了"必阇赤"书记官。若干年后，《蒙古秘史》也得以产生。简言之，蒙古文字对于整个蒙古民族的团结和稳定都起着重要作用。当塔塔统阿向铁木真报告新文字创制成功的喜讯时，铁木真兴奋地拍着他肩膀说："你真是草原上的瑰宝啊！人们通常把金银玉器当作宝贝，那真是见识浅陋。"

　　另一块瑰宝叫耶律楚材。公元 1215 年，蒙古军攻占金国的燕京，成吉思汗闻其名而召见之。耶律楚材身长八尺，美髯宏声，对答起来不卑不亢且有条理，成吉思汗很是欢喜。亲昵地叫他"吾图撒合里"（意为长胡子的人），并把他留在身边任事。公元 1226 年，耶律楚材跟随成吉思汗攻克西夏灵武，别的将领都争着掠夺美女钱财，只有他专门收集散落的书籍与大黄等中草药。不久军队中传开疫病，这些药品就派上了用场。后来耶律楚材的才能日益显露，有一次，成吉思汗指着耶律楚材对未来的蒙古大汗窝阔台说："此人，天赐我家。尔后军国庶政都交给他办。"成吉思汗手下有个擅长制造弓箭的常八斤非常鄙夷耶律楚材这样的文化人。有次当面挑衅说："蒙古人尚武，像我这样的人才有大用处。你这样的读书人有啥用？"耶律楚材理直气壮回复："治弓尚且需要你这样的专业人士，那么治理天下难道不是更应该用治天下的专业人士吗？"闻听此言，成吉思汗更加欣赏耶律楚材，临终前把儿子们都叫到跟前要他们都服从窝阔台的领导，同时又叮嘱窝阔台遇事要多听耶律楚材的意见。后来耶律楚材辅佐窝阔台，继续为蒙古帝国的事业做出巨大贡献。耶律楚材就这样成为蒙古帝国实现武功文治的一个重要推手，在成吉思汗父子的霸业中扮演了不可替代的角色。

（参见《新元史·卷一百二十三·者别传》《新元史·卷一百三十六·塔塔统阿传》《元史·卷一百四十六·耶律楚材传》）

历史重演

帝（北魏昭成帝）尝击西部叛贼，流矢中目。贼破之后，诸大臣执射者，各持锥刀欲割屠之。帝曰："彼各为其主，何罪也。"乃释之。（参见《魏书·卷一·帝纪第一》）

故事评析

对于成吉思汗的敌人来说，他确实是一个可怕的敌人。但是终成吉思汗之一生，其帐下都没有出过什么叛将，人们交口相传的是铁木真"衣人以己衣，乘人以己马，真吾主也"。跟随成吉思汗就意味着胜利，只要你有本事就会不分阶层和种族得到任用，正所谓"智勇兼备者，使之典兵；活泼骁捷者，使之看守辎重；愚钝之人则付之以鞭，使之看守牲畜"。成吉思汗视人才为瑰宝，任人唯贤，以海纳百川的胸怀吸收各族精英。贤才是国家之瑰宝，是事业的中坚和骨干，关乎国家的盛衰兴亡，成吉思汗深谙这个道理，穷极一生都在收集各种各样的文武人才，这可说是蒙古在历史上突然崛起的根本原因之一。

第三编　招贤纳士讲境界

五张羊皮能换啥？

鲁昭公时期，有一次齐景公与晏婴到鲁国来访问，期间曾就秦穆公如何实现霸业咨询孔子："当年，秦穆公国土面积狭小，又地处西部边陲，为什么能够实现霸业呢？"

孔子回答说："秦国，国家虽小但志向大，位置虽偏但行事却很中正。秦穆公以五张羊皮赎回百里奚，赦免他的罪过并授之大夫爵位，与他畅谈三日，便授其行政大权。就凭这个，秦穆公即使成就王业也不难啊，成就霸业还小了！"孔子这段话，表现出对用秦穆公选用百里奚的高度认可。那么，这里的五张羊皮换一个大夫到底是怎么回事呢？

当年，晋献公施展计策同时灭掉了虞国和虢国，俘虏了虞国国君和虞国大夫百里奚。可是晋献公不识人才，把百里奚当作秦穆公夫人的陪嫁奴隶发送到了秦国。百里奚到秦国后就偷偷逃走，但在逃到楚国后被当地人抓住了。秦穆公听说百里奚是个贤能之才，本来想用重金赎回，但又怕楚国人知晓真相后扣人不给，就安排人对楚国说："我老婆的陪嫁奴隶百里奚在你们那吗？如果在的话，我愿意用五张羊皮换回来。"楚人听到秦穆公要用五张羊皮换一个七十多岁的逃奴老头，立刻就答应了。

百里奚到了秦国后，秦穆公立刻与他共商国家大事。百里奚谢绝道："我是亡国之臣，不值得咨询呀！"秦穆公说："那是虞国国君不重用你才导致亡国的，这不是你的罪过。"再三坚持向他请教，于是两个人畅谈三天，秦穆公大悦，立即决定封其为五羖大夫，辅助自己治国理政。这时，百里奚赶忙推让说："我不如我的朋友蹇叔，他是个世人不知其贤的人才。从前，我曾游困于齐国，在那里不得不要饭的时候，是蹇叔收留了我。开始，我想在齐君公孙无知手下效力，但蹇叔制止我，于是我才得以从齐国内乱中逃脱（公孙无知发动政变杀死齐襄公，自立为齐君之后又被雍廪杀死）。紧接着我到了周，周王喜欢牛，我就想以养牛作为求仕途径，在周王想用我时，蹇叔又制止我，我就赶快离开了，所以才免遭杀身之祸。我又到虞国国君手下谋差事，蹇叔还是要制止我。我也知虞君不会重用我，但我醉心于功名利禄，就暂且留了下来。前两次我采纳了蹇叔的建议，得以幸免于难，最后一次不听，就遭了大难。所以，我才知道他的贤能。"于是秦穆公立刻让人用厚礼把蹇叔聘来，封他为上大夫。

就这样，秦穆公用了五张羊皮不但换回了百里奚，还得到了隐世贤才蹇叔，可谓一举两得。百里奚和蹇叔入秦，为秦国带来了很多先进的文化、政治和耕作技术，帮助秦国逐渐富强起来，为后世秦国兼并六国，一统天下奠定了初步的基础。

（参见《史记·卷五·秦本纪》）

故事评析

自古以来，得人才者得天下。能否得到贤达之人才，关键在于看你是否是真正的求贤若渴。秦穆公一心想大展宏图，可是当时的秦国相比中原诸国要偏僻落后，要改变现状，只能靠人才。为此，他是真的求贤若渴，也正是如此，他才能够在人才争夺战中获得先手，"变废为宝"，用五张羊皮换来了青史留名的贤才。当前，我们很多企业都知道人才重要，而要得到且用好人才，真心求是前提，慧眼识是基础，大胆用是谋略。

勇于打破信息茧房

有一天，齐威王召见即墨大夫，对他说："自从你到即墨任主官，诋毁你的议论天天都有。然而，我安排人到即墨暗访了一下，发现田野被开辟，百姓丰足，官衙相对无事，东方因而十分安定。这是你不贿赂我身边的人帮你说好话啊！"于是，封其即墨享用万户的俸禄。紧接着，齐威王又召见了阿地的大夫，说："自从你到阿地镇守，每天都有称赞你的好话传来。但我派人前去察看阿地，只见田野荒芜，百姓贫困饥饿。当初赵国攻打鄄地，你不救；卫国夺取薛陵，你不知道；这是你用重金来买通我的左右为你说好话呀！"当天，齐威王下令烹死阿地大夫及替他说好话的左右近臣。于是臣僚们毛骨悚然，再不敢弄虚作假，都尽力做实事，齐国因此大治，天下诸侯有二十多年不敢对齐国出兵。

卫侯的情况正与齐威王相反，无论他说的话是对是错，群臣们总是一致附和赞同。子思说："我看卫国真是'君不像君，臣不像臣'呀！"公丘懿子说："为什么会搞成这样？"子思说："君主自以为是，则大家的意见就听不进了。即使事情处理正确而不听取众议，也会影响众人提出建议，更何况现在大家都附和错误见解而助长这种歪风邪气呢！如果不考察事情的是非而乐于让别人赞扬，是无比昏庸的；不判断事情是否有道理而一味阿谀奉承，是无比谄媚的。君主昏而臣子谄，以这样的状态居于百姓之上，老百姓是不会接受的。长此以往，国家就不像国家了。"后来，子思对卫侯直言："你的国家将要一天不如一天了。"卫侯问："为什么？"子思回答："当然有原因了。国君你说话自以为是，卿大夫里没人敢矫正你的错误；于是他们说话也自以为是，士人百姓也不敢矫正他们的错误。君臣都自以为贤能，下属又同声称贤，称赞贤能则和顺而有福，指出错误则忤逆而有祸，这样下去怎么会有好的结果呢！"

而楚宣王却是个能够听得进意见的人。楚国任用昭奚恤为国相后，江乙对楚王说："有个人非常宠爱自己的狗，他的狗向井里撒尿，邻居看见了想到他家里去告诉他，却被狗堵住门不让进。现在昭奚恤就像恶狗堵门一样阻挠我来见您。这就导致一有说别人好话的人，您就说这是君子而亲近他；而对爱指出别人缺点的人，您总是说这是个小人并且疏远他。然而人世间有儿子杀父亲和臣下杀君主的恶人，您却始终不知道。为什么呢？原因在于您只爱听对别人的称颂，不爱听对别人的指责呀！"楚王听后说："你说得对，今后我要听取两方面的言论了。"

（参见《史记·卷四十六·田敬仲完世家第十六》）

故事评析

以上故事中，一位诸侯善于打破别人编织的信息茧房，在成就了自己霸业的同时也让百姓的生活进步；一位诸侯沉溺于信息茧房，导致国不像国；还有一位诸侯听取了意见，迷途知返，保持了大国地位。这些故事警醒我们，作为领导者能否悉心听取意见，是能否做到执政为民、集智用人的重要前提。事实上，没有人不喜欢听奉承话，这是人的天性使然，古往今来没有人能够完全克服这一人性弱点。作为手里执掌着一定权力的领导干部，由于有人对其手中权力有所求，一般来说任何时候都不缺对其恭维的人。如果沉迷或享受这种恭维，就会在不自觉中陷入誉美之词的信息茧房，长此以往，就很难听得进不同意见，偏听偏信、自负自大、决策武断等情况就会自然产生，执政用人自然也就会问题百出。因此，作为领导干部必须时刻检视自己，一要把开展批评与自我批评作为一项制度长期落实；二要深入开展征求群众意见的活动，勤于到群众之中调查，了解真实情况；三要构建不同的社情民情来源渠道，防止只能听到一个方面的声音；四要制定完善民主制度，让群众意见真正参与到决策事项之中；五要知道手中权力来自谁和为了谁，时刻警醒自己是公仆。

黄金台贮俊贤多

怀才不遇是中国文人时常吟咏的一个母题，于是"黄金台"这个意象就反复出现在古诗词中，如"黄金不用筑高台""报君黄金台上意""谁人更扫黄金台""黄金台上草连天""此去黄金台上客""肠断黄金台下客""黄金台上麒麟阁"，等等，下面就来说说这个著名的黄金台。

公元前314年，燕王哙把国君之位禅让给燕相子之，引起国内大乱。齐国乘机发兵攻破燕国，杀死了燕王哙和子之，还掠走大量财物。燕人随后共立太子平继位，是为燕昭王。燕昭王刚继位时，燕国由于之前的战乱而田地荒芜，房屋倒塌，还损失了很多人口，一派凄凉景象。燕昭王下决心要复兴燕国，雪破国杀父之耻。可是齐国是东方大国，综合国力与军事实力在当时都是数一数二的，弱小的燕国如何才能复仇呢？燕昭王为此求贤若渴。经过多方打听，他听说本国有位郭隗是个人才，于是前往拜访，说想要得贤士以共国，以雪先王之耻，为此愿意亲身事奉贤士。郭隗看燕王态度诚恳，就对他说了一个故事：

从前，有一个国君悬赏千金，想得到一匹千里马，但是三年也没有得到一匹。有个亲信主动请缨说他能找到千里马，于是国君把任务交给了他。亲信奔波了三个月，终于找到了千里马，但马已经死了，于是他花五百金把马头买了回去。

国君得报后大怒，说自己要买的是活马，花五百金买个死马算什么意思！亲信则振振有词地说："死马尚且肯花五百金买，更何况活马呢？天下人一定会认为大王真心买马，千里马很快就会来了。"果然，不到一年的工夫，那位国君就得到了三匹千里马。

郭隗讲完后故事后，深深地向燕昭王施了个礼说："王必欲招致天下贤才，就请从我这匹死马开始吧。等天下知道连像我这样的人都能得到供奉，那么活的'千里马'一定会不远千里找上门来。"燕昭王于是"为隗改筑宫而师事之"，很快这消息不胫而走，风传天下。各国有才能的人，络绎不绝地跑到燕国。如纵横家剧辛从赵国来，阴阳家邹衍从齐国来，军事家乐毅从魏国来。真是"燕昭北筑黄金台，四方豪杰乘风来！"像伐齐这样听起来不可能完成的任务，也被乐毅想出了军事联盟的办法，联合赵、韩、魏、秦等国一起讨伐骄横的齐国。

十年生聚，十年教训，伐齐计划终于进入实施阶段。公元前284年，乐毅率领五国联军攻下齐国七十多座城池，齐国几乎被灭亡，燕国终于报仇雪恨。

最后要说下这个黄金台，目前所见的史料里有两种说法，一种认为燕昭王给郭隗筑的那座宫就是黄金台的原型，另一种说法是燕昭王在易水东南十八里筑了一座高台，并"置千金于其上，延天下士"。但无论是哪种说法，燕昭王的举措在当时的确产生了天下能人云集燕国的效果，而"黄金台"也成为后世诗歌中不朽的元素。

（参见《史记·卷三十四·燕召公世家》《战国策·燕策一》）

故事评析

在信息不发达的时代，有关黄金台的信息都能迅速传达到四方"千里马"的耳朵里。在如今这个信息时代，我们要思考的恐怕是如何在纷乱的信息海洋中把自己期待人才与提供最佳平台的真诚态度准确传递给"千里马"了。还有如果说你有黄金台，而竞争对手也有稷下学官，那么你又靠什么赢得"千里马"的心呢？我们还可以看燕昭王筑黄金台的后续，他是如何以雄心壮志与宽阔胸怀让乐毅甘心贡献自己的才华的。

臣仆、马夫与齐相

　　齐国是一个老牌的东方大国，春秋时期的齐桓公是"春秋五霸"之首，战国时期的齐湣王又一度和秦昭襄王并称东西二帝。齐国人口众多，临淄城里"连衽成帷，举袂成幕，挥汗成雨"。齐国教育发达，拥有天下著名的稷下学宫，向各国输出优秀人才并传播思想。统治这样的国家非常考验主政者的水平，所以这里多出贤相，其中最为著名的就是管仲与晏婴了。管仲襄助齐桓公"九合诸侯，一匡天下"。他个人生活奢华，几乎等同国君，但是由于治理齐国有效，齐国国富兵强，民众安居乐业，所以民众并不反感他的奢侈。他去世以后，齐国遵循他留下的治国方略前行，仍然保持着大国实力。与他相比，晏婴的一大特色就是生活简朴，奉行节俭。他担任齐相期间，吃饭只有一道肉菜，家里的女人不穿高级面料的丝帛制品。此种遗风直到汉武帝朝时，同为齐人的布衣卿相公孙弘也是如此奉行。这种高层生活方式对于农业国来说具有一定的积极意义，因为在当时的生产条件下，国家乃至家庭最为惧怕的就是上行下效的奢靡之风导致入不敷出。

　　史书在表现晏婴这个辅佐了齐灵公、齐庄公、齐景公的三朝元老时，讲述了一些小故事，我们选择其中两个进行转述，看看晏婴是以怎样的精神维护着齐国的强盛。

　　有一次，晏婴坐车出行，在路上遇到一个人给黑色绳索绑着，就问是怎么回事，对方说自己叫越石父，为了免于饥寒而为人臣仆。晏婴和他聊了几句，感觉他是个人才，就用自己马车左边的那匹马把他赎了出来，然后带他回到自己府里。晏婴回到府上就去内宅了，过了很久也没出来。越石父于是扬声说他要和晏婴绝交。晏婴听到声音赶紧跑出来，整理好衣冠带着歉意说："我虽不仁，可也是把您解救出来的人，您怎么这么快就要和我绝交呢?"越石父振振有词道："道理不是这样讲的，我听说君子会在不了解自己的人那里受委屈，却能在知己面前自由舒展自己的意志。一开始我被绑着的时候您是不知道我是什么样的人。可是您听我说完有所感悟，又把我赎出来，那就是知己了，把知己晾在外面这么长时间是无礼啊，那我还不如再回去让人绑起来好呢。"听这么一说，晏婴连忙道歉，把越石父作为上宾留了下来。

接下来轮到了晏婴的车夫出场。有一天车夫回到家，妻子说要跟他离婚。车夫问原因，妻子就告诉他，今天上午车夫驾着齐相晏婴的马车从家门口经过。妻子透过门缝看见自己的丈夫坐在四匹高头大马拉的车上，一脸得意扬扬的表情。而端坐在车里的晏婴却始终一副谦恭亲和的样子，下车走出来的时候举止严谨，遇到了人也都是躬身行礼。妻子开始数落丈夫："晏婴身高还不到六尺，贵为齐相却那么稳重低调。你身高八尺也不过是人家的一个车夫，就自以为了不得了。我可不想再和你这种徒有其表且虚荣的男人过日子了。"车夫听妻子说得很有道理，就接纳了她的意见，改变了自己的作风。没多久，晏婴发现自己的车夫好像变了一个人，出门在外低调了许多，说话也和气了。就问他最近怎么了，车夫就把自己家里发生的事告诉了主人。晏婴听完，感觉这个车夫能虚心听从意见，而且此人颇有改变自我的决心与执行力，于是推荐车夫做了大夫。

晏婴是司马迁极为钦佩的一位人物，他在《史记》相关篇章的末尾感慨说：假如晏婴还活着，我也想拿起鞭子为他赶车啊。

（参见《史记·卷六十二·管晏列传》）

故事评析

　　毛主席说："领导者的责任，归结起来，主要地是出主意、用干部两件事。"用干部，就要善于识别干部，还要尊重人才。在晏婴的两个小故事里，我们可以看到晏婴作为齐相很注重发掘人才，且平时就是个有心人。所以才会看出身边车夫的前后变化，才会在遇到一个被绑的路人时也愿意听他讲自己的事。而且晏婴也有非常好的自律意识与自控能力，他可以带着家人过俭朴的生活，也能在听到对方的有理批评后立即检讨和改正自身存在的问题。

有怀信陵君

汉高祖刘邦还没发迹时就常听人说信陵君魏无忌是个贤德之人。称帝后，刘邦每次经过故魏大梁城时，都要去拜祭一下信陵君。在讨伐英布叛乱后的返程途中，刘邦再次路过了大梁，这次他给信陵君设置了五家守冢人，让他们世代在此居住，"世世岁以四时奉祠公子"。

刘邦之所以如此敬重信陵君，一则他曾经的带头大哥张耳曾是信陵君的门客，二则也是感慕信陵君的为人。而汉初仅次于韩信、英布的名将陈豨，少年时也是信陵君的一位迷弟。那么，信陵君究竟有怎样的魅力，让他似乎能在战国四公子中略胜一筹呢？

魏无忌是魏昭王的小儿子，魏安釐王的异母弟弟。昭王去世后，安釐王即位，封魏无忌为信陵君。信陵君为人仁爱宽厚，礼贤下士，士人无论德才高低，他都谦恭有礼地同他们交往，从来不敢因为自己富贵而轻慢士人。因此方圆几千里的士人都争相归附于他，最后他门下的食客达到了三千人。当时，各诸侯国因其贤德，宾客众多，连续十几年都不敢动兵侵犯魏国。

魏国国都大梁东门有个看门小吏侯嬴，已经七十岁了，而且很穷，时人传说他是个隐士。信陵君闻知后，就派人前去奉送厚礼。但侯嬴拒收信陵君的礼物，还回复说："我几十年来修养品德，坚持操守，可不能因为看门贫困就接受公子的财物。"

信陵君遭到拒绝后并不放弃，而是大摆酒席，宴饮宾客。等大家来齐坐定之后，公子却带着车马以及随从人员，空出车子上的左位

（尊位），亲自到城东门去迎接侯嬴。那侯嬴也不客气，理了一下破旧的衣帽，就径直上了车坐在尊位，并不跟信陵君谦让，想看看信陵君的反应，结果此时信陵君手握马缰绳更加恭敬。侯嬴对信陵君说："我有个朋友在街市当屠夫，你载我从他那里过一下吧。"信陵君立即驱车进入街市，侯嬴下车去会见他的朋友朱亥，絮絮叨叨聊起来没完没了，同时还微微察看信陵君的神色，却见信陵君"颜色愈和"。

此时，魏国的将相宗室等诸多贵客坐满了信陵君的宴会大堂，正等着信陵君来举杯开宴。而此时的信陵君正手握马缰绳耐心等待侯嬴，大街上的人都在看这边的热闹，信陵君的随从人员则都在暗骂侯嬴。侯嬴看到信陵君面色始终不变，这才告别了朋友上了车。到家后，信陵君领着侯嬴直接上座，并向全体宾客热情洋溢地介绍侯老先生，满堂宾客无不惊异。大家酒兴正浓时，信陵君公子站起来，走到侯嬴面前举杯为他祝寿。侯嬴也趁机告诉信陵君自己今天的表现是在故意演戏，既是考验魏公子是不是真的重士，也是做局成就信陵君的名声。宴会结束，侯老先生从此便成了信陵君的贵客。侯嬴对信陵君说："我所拜访的屠夫朱亥是个贤能的人，只不过人们都不了解他，所以隐没在屠夫中罢了。"

后来，赵国在长平之战中惨败，国都邯郸被秦军围困。信陵君在侯嬴的谋划与朱亥的武力帮助下夺取了魏国晋鄙十万大军的控制权，进而引军击退秦军，将赵国从危难中解救了出来，这就是著名的信陵君窃符救赵的典故。值得一提的是，侯嬴因为年老体衰，没有跟随信陵君长途奔波去晋鄙军中夺权，他计算好了时间，在信陵君抵达晋鄙军中的当天北向自杀了。

信陵君窃符救赵后暂居赵国，此时他又听说赵国有两位隐士，一个是赌徒毛公，一个是卖酒薛公。一开始这两个人躲了起来不肯见信陵君，可锲而不舍的信陵君还是打听到他们的藏身处，就悄悄地步行去找他们两个交往，赌钱喝酒，彼此都以相识为乐事。赵国的平原君听说这个情况，就对他的夫人说："当初我听说你弟弟魏公子是个天下无双之人，如今我听说他竟然胡来，跟赌徒和酒店伙计交往，难道这魏公子其实是个无知妄为的人吗？"夫人听丈夫如此说，就把这些话转告了信陵君。信陵君听后就向姐姐告辞，他说："以前我听说姐夫平原君贤德，所以才背弃魏王而救赵国。现在我才知道姐夫与人交往，只是显示富贵的举动罢了，他不是真心求取贤士啊。我从前在大梁时，就常常听说这两个人贤能有才，到了赵国，我唯恐不能见到他们。我与他们交往，还怕他们不接纳我呢，现在平原君竟然把与他们交往看作是羞辱，姐夫这个人不值得结交啊。"然后就整理行装准备离开邯郸。夫人又把弟弟的话转告了平原君，平原君听了自感惭愧，便去向信陵君谢罪并坚决挽留他。平原君门下的宾客们听到这件事，有一半人离开了平原君前去归附信陵君，天下的士人也都去投靠信陵君，信陵君的名头更响了。

信陵君在赵国留居十年，秦国听说他不在魏国，就发兵日夜攻打魏国，信陵君就在毛公和薛公劝说下，以国家利益为重，毅然返回魏国救难。魏王任命他为上将军，他派使节遍告各诸侯国，各国见信陵君出手了，纷纷派兵来援魏，公元前247年，信陵君率魏、赵、韩、楚、燕五国之兵大破秦军，追至函谷关，打得秦军不敢出关。

（参见《史记·卷七十七·魏公子列传》）

历史重演

郦生食其者，陈留高阳人也。好读书，家贫落魄，无以为衣食业，为里监门吏。然县中贤豪不敢役，县中皆谓之狂生。……沛公麾下骑士适郦生里中子也，沛公时时问邑中贤士豪俊。骑士归，郦生见谓之曰："吾闻沛公慢而易人，多大略，此真吾所原从游，莫为我先。若见沛公，谓曰臣里中有郦生，年六十余，长八尺，人皆谓之狂生，生自谓我非狂生。"……于是遣郦生行，沛公引兵随之，遂下陈留。号郦食其为广野君。（参见《史记·卷九十七·郦生陆贾列传》）

故事评析

由于阶层间的巨大差距，一些高高在上的人很难做到真正的礼贤下士。还有些人会因为某些原因而在发掘人才时有各种偏见。在信陵君的两个故事中，信陵君真正做到了无忌于侯嬴的七十高龄，无忌于朱亥的屠夫身份，无忌于毛公、薛公的地位卑贱。他的这种作风有别于多数达官贵人，因此得到了民间人才的拥戴。仰慕他的刘邦后来虚心接纳高龄的郦食其，也可能是受到了信陵君遗风的影响。

秦王的逐客令

进入 21 世纪，企业的竞争环境正在快速朝全球化方向发展。越来越多的公司通过向海外出售产品，在其他国家建立工厂以及与外国公司结盟等方式进入国际市场。在谋求竞争优势时，许多企业都受到这种国际竞争加剧情况的影响，从而更多地使用不同文化背景的员工，而具有较高人力资本存量的国家在这一竞争背景下也会显得特别有吸引力。那么，在两千多年前的中国大地上，是否有过相同的情况发生呢？

公元前 237 年，也就是秦王嬴政执政的第十年，秦国破获了一起战略间谍案。事情的发端还要追溯到十年前，当时，为了消耗秦国国力，韩国派出了一位名叫郑国的水利专家前往秦国。在郑国的极力游说下，秦国批准了由郑国主持的关中大型水利工程——郑国渠，它西引泾水东注洛水，长达三百余里。该工程营建时动用了大量劳动力，秦国的虎狼之师也确实因此暂缓了东进。当得知郑国渠的背后居然隐藏着韩国的阴谋后，秦国朝廷一片哗然，宗室大臣们讨论说："从其他诸侯国来秦国入仕的，都是为他们自己的主子游说和当间谍的，请秦王把所有来秦国当官的其他诸侯国人全部驱逐出去。"而嬴政此时已经历多次涉及其他诸侯国人的宫廷斗争乃至流血政变，确实对其他诸侯国人缺乏好感，于是就批准了驱逐所有在秦为官的其他诸侯国人的命令。

命令一经宣布，在秦为官的其他诸侯国人都惶恐不安，而身为客卿的楚国上蔡人李斯并没有放弃，他迅速完成了一篇传颂至今的《谏逐客书》，上书秦王以备参考。

他在第一句开宗明义：我听说朝廷官吏们讨论决议，要驱逐所有在秦为官的其他诸侯国人，我认为这是一个绝对错误的决定。

然后文章分成三个部分。第一部分回顾秦国此前四百年的"改革开放史"，历数秦穆公、秦孝公、秦惠王、秦昭王使用其他诸侯国人才改造秦国达成富国强兵的历史。其中著名的有秦孝公用原卫国人商鞅进行变法，移风易俗，富国强兵；又有秦昭王用原魏国人范雎强化王权，确定远交近攻的战略。李斯最后强调：如果当年的四位秦国君王坚决不用这些来自其他诸侯国的人才，那么秦国现在不会如此富庶和强大。

第二部分列举现实中秦王宫奢靡的生活，秦宫陈列着各种来自其他诸侯国的珍宝，雕梁画栋少不了江南金锡和西蜀丹青，还有赵国美女与郑卫音乐也填充其中。如果说享受生活时不排斥其他诸侯国元素，那么为什么要在用人上以是否秦人进行简单区分进而驱逐所有非秦人呢？这样"不问可否，不论曲直，非秦者去，为客者逐"的行为传到国际社会上，会造成什么样的恶劣影响？难道秦国是一个只在乎美色、音乐、珠宝，却轻视人才的国家吗？这绝对不是"跨海内，制诸侯"的正确做法。

最后一部分李斯总结到：泰山不鄙视泥土成就了它的高大巍峨，黄河和东海不挑拣细流才有了它们的深广，而王者不拒绝各地人才投奔才能功德卓著。如果推行所谓的逐客令，那岂不是把人才送给敌对国，那不就是借给强盗武器，送给窃贼粮食吗？总之，"物不产于秦，可宝者多。士不产于秦，而愿忠者众"。驱逐非秦人以帮助敌国，损害百姓的利益以利益仇人，把自己内部搞得空虚同时还结怨诸侯国，在这种情况下，想让国家没有危险，那是不可能的啊。

秦王嬴政看了这篇立意高深，始终围绕强国目标的文章后，意识到自己的错误。他毕竟也是雄才伟略之人，不怕下不来台，立即命人收回逐客令，也恢复了李斯的官职，不久又用他为廷尉。李斯此前提出的人才战略得以继续推行，秦国的间谍带着金玉珠宝去各国游说，扰乱他们的朝廷做出理性决策，引诱他们的才智之士到秦国服务。等到诸侯国君臣关系疏远，军政人才匮乏，甚至有的国家自毁长城（如赵杀李牧）之后，秦军就抓准机会展开灭国行动。而此时的郑国渠也与都江堰一北一南遥相呼应，犹如张开的雄鹰双翅，在增益秦国物产，加强秦军后勤方面发挥了重要作用。十六年后，粮足兵精的秦国果然扫除六国统一天下，建立了中国历史上第一个大一统的中央集权帝国。李斯也随着统一大业的顺利进行而荣升为秦帝国的丞相。

（参见《史记·卷八十七·李斯列传》）

故事评析

　　李斯的《谏逐客书》不仅是一篇绝妙好文，而且是一个有关国家发展与企业竞争的人才策略。其历史、社会与人才学价值远不止当时劝谏秦王收回逐客令一事本身。它不仅为秦王朝的统一天下奠定了人才策略基础，也对今日制定应对全球化人才竞争的企业战略具有相当的现实意义。要参与全球化条件下的各种竞争就要有全球化的战略，《谏逐客书》给我们提供的乃是一个根本上的开放态度：人才的出身地域不能成为用人的机械性束缚，坚持引进集团发展所需的一流人才才是关键。

千年古问道领袖真谛

一位领袖要开创事业最关键最首要的是什么？是高贵的血统？是第一桶金？是遇到贵人？是恰逢伟大的时代站到了风口？是蝴蝶效应一下击中了你？还是其他什么原因？这在不同的时代或从不同的角度会有不同的答案。

距今两千多年前，中国第一位平民皇帝刘邦在称帝后不久，于雒阳南宫引发了一段著名的问答。当时，刘邦在酒宴上说："各位侯爷和将军都不要瞒我，来说说我刘邦怎么就取得了天下？而项羽又为什么失去了天下？"

问题一经抛出，原本热热闹闹，沉浸在推杯换盏的喧闹声中的大厅一时间静寂了下来。沉默片刻，高起、王陵出列回答："陛下待人傲慢无礼，项羽倒是仁爱对人。可是陛下派人攻城略地，有功就及时给予封赏，和天下人共享利益。而那项羽妒贤嫉能，猜忌有功劳的人，怀疑贤明的人，别人打了胜仗不给授功，占了地盘不分利益。这就是一得一失的原因所在了。"这一回答得到同僚们的满堂喝彩。

高祖刘邦含笑倾身，示意二人退下，随后说出他的看法："你们只知其一，不知其二。论运筹帷幄之中，决胜千里之外的谋略，我不如张良；讲稳固后方根据地和安抚百姓，并源源不断为前线提供军粮兵员，我不如萧何；谈到指挥百万联军攻必克，战必胜，我则远远不及韩信。我说的这三个人都是人中俊杰，我能够用他们，才是我赢得天下的真实原因。而项羽只有一个范增还不能好好用他，这就是他失败的原因了。"刘邦说完，群臣举杯称赞：陛下高见，高明深刻。诸位大汉新贵继续欢宴。

刘邦的答案至今已经成为一个经典，他借助对兴汉三杰的赞誉，高明地对自己也进行了最高的褒扬。此种对战略、制度和军事人才的超群的综合使用能力，使他成为引领西汉开国人才核心丰沛集团走向巅峰的领袖，拥有不可取代的地位。他用事实说明：古往今来领袖们的基本素质就在善于用人。领袖善于用在各个领域比自己强的人组成团队，才能成就集体伟业。取天下如此，治天下依然如此。在其驾崩的前一年，刘邦发布了《求贤诏》，重申自己用人的真诚心愿。诏书追述前人周文王、齐桓公用贤成就功业的例子，表示自己还要继续用贤治理天下，为此不吝给其尊贵地位和优厚待遇。可以说刘邦的一生都始终把握着人才兴邦这条发展事业的主线，至死不渝。

发生在南宫的这场君臣问答，涉及了一个人类永恒的话题。当历史的参与者和史家在总结经验时，类似的话题总会被不断提起：曹操遇到荀彧后说你真是"吾之张良"就是对这一精神的复刻。而荀彧在官渡之战前驳斥孔融时则一针见血地指出袁绍根本无法驾驭和利用好手下的田丰、许攸、审配、逢纪、颜良、文丑诸人，这样即便一时拥有地广兵强的优势，也会因为用人的短板而失败。与刘邦一样崛起于民间的明太祖朱元璋则用"天下之治，天下之贤共理之"的认知基础致敬汉高祖刘邦，分析竞争对手陈友谅、张士诚分别有志骄、器小等缺陷，缺乏驾驭人才的能力。

（参见《史记·卷八·高祖本纪第八》）

故事评析

　　进入新时代，重视运用人才的理念依然在各个领域中起着重要作用。2016 年习近平在主持网络安全和信息化工作座谈会时引用了《史记》中"得人者兴，失人者崩"的名句，指出网络空间的竞争，归根结底是人才的竞争。2021 年 9 月，习近平在中央人才工作会议上发表重要讲话，强调要坚持党管人才，坚持面向世界科技前沿、面向经济主战场、面向国家重大需求、面向人民生命健康，深入实施新时代人才强国战略，全方位培养、引进、用好人才，加快建设世界重要人才中心和创新高地，为 2035 年基本实现社会主义现代化提供人才支撑，为 2050 年全面建成社会主义现代化强国打好人才基础。这些讲话都有着众多的历史经验支持，如果当初魏国留下了商鞅、范雎，楚国留下了吴起，燕国留下了乐毅，这些国家的命运与战国的形势是否就会呈现出另一种姿态也未可知。事实上，每一位有志于成为领导的人在前进途中似乎都有必要确认那运用人才的理念是否已烙刻于心。

三顾频烦天下计

对一个政权来说，人才毫无疑问是其赖以存在和发展的重要资源，尤其是三国这样的乱世，人才更是一个势力具有决定意义的竞争力所在。毫无疑问，地处西南一隅，疆域狭小的蜀汉政权是三国中人才储备最为不足的一个。在东汉末年的创业大赛中，蜀汉的开国之主刘备可谓是运气极差。一边是占据了北方特别是中原经济文化中心，人才多得车载斗量的曹操；一边是开局就有张昭和周瑜这种柱石之臣助阵的孙权。而刘备在拥有关羽和张飞两位猛将之后，便一直在一群"食之乏味，弃之可惜"的谋士中周旋，也没有固定地盘可以稳固发展。直到四十六岁那年，他才从隆中山里发掘到了逆转自己命运的诸葛亮。

诸葛亮是西汉元帝时期司隶校尉诸葛丰的后人，他的父亲诸葛圭曾任太山郡郡丞。诸葛亮少年丧父，当叔父诸葛玄受袁术委任为豫章郡太守后，诸葛玄带着诸葛亮和诸葛亮的弟弟诸葛均前往任职。后来东汉朝廷改派朱皓替代诸葛玄。诸葛玄因一向与荆州牧刘表交情甚深，故此前往投奔刘表。诸葛玄去世后，诸葛亮寄住在隆中耕种田地为业，平时喜诵《梁父吟》。这《梁父吟》是首咏史诗，年轻的诸葛亮显然就在这反复的吟咏中琢磨着自己的立身之本应当是什么，而这也是寄寓他器识远大的一个折射。诸葛亮身高八尺，经常自比为管仲、乐毅一类的人物，但是周边的人都不认可，只有和他要好的崔钧、徐庶深以为然。诸葛亮与本地最高行政官荆州牧刘表沾亲带故：荆州大将军蔡瑁的两个姐姐，大姐嫁给了刘表，二姐嫁的就是诸葛亮的岳父黄承彦。

但诸葛亮并不去刘表那里谋职，估计也是看不上坐谈自守的刘表。他宁可锄着地等待一位真正有抱负、有能力，和他谈得来的领导出现。

公元 207 年，一筹莫展的刘备正驻军新野。此时的刘备已经四十六岁，他先后依附过公孙瓒、陶谦、曹操、袁绍、刘表，一直如浮萍般漂泊。现在他表面上也做了镇东将军、豫州牧并封宜城亭侯，然而实际上也不过是依附在刘表门下而已。有一次，刘备和刘表在一起闲坐，刘备起身去如厕，回来后却流着眼泪，刘表很奇怪，问他怎么回事，刘备回答说："过去日日征战，一直不离马鞍，大腿内侧的髀肉皆消；如今好长时间都不骑马，生活安逸无所事事，（刚才如厕时）发现髀肉已复生。岁月飞快流逝，眼看着我就要老了，却还没有建功立业，所以悲伤啊。"

后来徐庶谒见了刘备，刘备对他十分器重，徐庶对刘备说："诸葛孔明这人是'卧龙'啊！将军想不想见见他？"大小也是个一方诸侯的刘备说："你陪他一道来吧！"徐庶说："此人只能前去拜访他，而不可随便召他来。将军应该屈尊去看望他才好。"于是刘备亲自前往拜访诸葛亮，一连去了三次，才得以相见。后来，"三顾茅庐"的故事成了《三国演义》相关小说、戏剧乃至影视作品中的经典场面。

话说相见这一天，刘备屏退随从，与诸葛亮相对而谈。刘备先发问："如今汉朝政权崩塌，奸臣窃取国权，皇上风尘避乱。我不能衡量自己的德行能否服人，自己的力量能否胜任，但我想为天下伸张正义，只是苦于自己智术浅短，因而屡遭挫折，以致到了今日这种地步。但我的志向到现在还没有改变，您说我该如何做才好？"

二十七岁的诸葛亮听完刘备的人生抱负与忧心问题后回答说："自董卓窃权以来，天下豪杰纷起，割州据郡之人比比皆是。曹操相较袁绍名望低，兵力也弱，但曹操却能打败袁绍，转弱为强，这不仅是时机有利，而且还得力于人的谋略。现如今曹操已拥兵百万，而且挟天子以令诸侯，对他不能直接与之争强斗胜。那孙权占据江东，经营达三代之久，地势险要，民心归附，贤能之士都愿为之效力，对他也只能联络为外援，而不可打主意吞并。

眼下荆州地方，北有汉、沔二水用作险据，南可直收南海物产以资利用，东向相连吴郡、会稽，西进可入巴蜀之地，倒是块兵家必争的战略要地，可是当今荆州的主人却无能力守住它，这可是上天特意安排来资助将军的礼物，将军有意夺取荆州吗？还有那益州，地势险要、沃野千里，乃天府之国，从前汉高祖就是凭借这块地方成就帝业。可益州牧刘璋懦弱昏庸，北边又有五斗米道的张鲁威胁，虽说是百姓收入丰厚，可他却不知爱护体恤，那里的智谋才干之士都希望得到一位贤明的君主。将军您不仅是汉朝皇室的后裔，而且信义闻名天下，广纳天下英雄，如饥似渴地盼望贤能人才，如果占据这荆、益二州，凭险据守，西边与戎族各部和好，南面对夷越各族实行安抚政策，对外与孙权和好结盟，对内革新政治修德施仁，天下一旦发生变故，即派上将一员统率荆州士卒进军宛城、洛阳一带，将军您则亲自率领益州军马出兵秦川，百姓岂能不箪食壶浆来迎接将军呢？如果真能这么实施计划的话，那么霸业可成，汉室也可兴旺了。"

刘备听完拍案叫绝说："太好了！"于是与诸葛亮情谊与日俱增。这君臣感情迅速升温的状态让与刘备桃园结义的生死兄弟关羽、张飞颇为不满，刘备就对他们解释说："我得到了孔明，犹如鱼儿有了活命的水，请你们不要再说了。"关羽、张飞这才不再议论了。从此诸葛亮"遂许先帝以驱驰"，逐步实现"隆中对"所谋划的三足鼎立，从军师中郎将到丞相，二十七年里一直辅佐刘备父子，"鞠躬尽瘁，死而后已"，最后在五丈原病逝，享年五十四岁。

（参见《三国志·卷三十五·诸葛亮传》）

故事评析

　　"夫有知己之主，则有竭命之良。"四十六岁的将军刘备屈驾求见二十七岁的青年学者诸葛亮。"凡三往，乃见"，这既是对刘备是否真诚求贤的观察和考验，同时也是对诸葛亮决不轻易出仕的揭示和肯定，由此，三顾茅庐才传为一段佳话。在没有得到具有战略眼光的诸葛亮的辅佐之前，南征北战的刘备空有远大抱负和相当的武力，却没有明确可行的战略目标路径。等到诸葛亮加入刘备团队后，整个团队就既有力量又有战略了，从此他们的创业进入了实质性阶段。简言之，如果没有贤能部属的辅佐，领导者很难长期有效地运用自己手中的力量。

当代有英雄

淝水之战后，一度统一北方的前秦帝国分崩离析，公元 384 年，羌族名将姚苌在关中羌人与西北豪族的支持下，在渭北马牧正式脱离前秦，自称大将军、大单于、万年秦王，建立后秦政权。姚苌势力迅速发展，公元 386 年占据长安杀死前秦皇帝苻坚，并陆续打败周围一些割据势力。八年后姚苌病逝，皇位交给儿子姚兴，姚兴从此开始长达二十七年的执政。姚兴执政期间颇有建树：击败死敌苻登，蚕食东晋，消灭后凉，逼降南凉、北凉和西凉。后秦的疆域一度"南至汉川，东逾汝颍，西控西河，北守上郡"，是十六国中国力仅次于后燕的强盛王朝。姚兴对于该时期北方的儒学恢复与佛教传播也起了很大作用。姚兴除了自己常与儒家大师讨论经书，还曾下诏告诉守关的官员说："诸生谘访道艺，修己厉身，往来出入，不要按常规拘限他们。"给事黄门侍郎古成诜、中书侍郎王尚、尚书郎马岱等人的文章高雅、清正，姚兴也让他们参与国家机密。

公元 411 年，姚兴到了陕西三原，对群臣说："古人有言，关东出宰相，关西出武将，三秦多俊才，汝颍出奇士。我上应天命，跨据中原，自流沙以东，淮河、汉水以北，未尝不全力招求贤才，希望匡正自己的不足之处。然而还不能明察民间贤士，未能感动那些清正廉洁的人。至于那些智力能担任一个官职和行为有一处擅长的，我都按级别晋升他们，不使有营私作弊的事情出现。卿等应察明那些出身卑微的贤达之人，协助我把他们推举上来。"右仆射梁喜说："我多次遵奉陛下的命令寻求贤才，不曾怠慢，但真是未见到能辅佐皇室的大才，可说如今这世上缺乏贤能之士吧。"姚兴说："自古以来，凡创王霸之业的人，手下都有如韩信、吴起那样的将才，萧何、邓禹那样的宰相，我们身处当世，总不能去先贤中拜将，到后哲中求相吧。只怪你等识拔不明，寻求不到，怎么能厚诬四海都无贤才呢？"臣子们听到这番高论感觉十分振奋。

(参见《晋书·卷一百十八·载记第十八》)

故事评析

　　《论语·子路》中，仲弓曾问孔子"焉知贤才而举之"。孔子的答案是先把你知道的人推荐出来做事，至于你没发现的角色，自然还会有别人去发现。表达出一种开放积极的人才观。故事中的姚兴显然是多次下达了求贤令，要求大臣们为国家寻访人才。"兴如河东。下书封其先朝旧臣姚驴碚、赵恶地、王平、马万载、黄世等子为五等子男。命百僚举殊才异行之士，刑政有不便于时者，皆除之。"而有些人的错误理解就是眼前根本没有这样的人物，没有值得举荐的人才。但是眼前的事情就是靠眼前的人来做，你不可能说人才只存在于过去或者未来。立足当前，发现具有潜质或者拥有各方面才能特长的人，这就是眼下可以做的人力资源工作，绝不可能说人才发掘做了很多年，如今眼下已无人才，那岂不是事业注定后继无人？建立人才梯队，要始终立足当下，并以事业的可持续发展为目标。

海巨有大鱼

　　中国历史上，如果中原地带没有一个统一强大的政权作为制衡，那么北方游牧民族往往就有机会崛起，并利用他们的强大武力建立帝国。楚汉争雄时，匈奴冒顿单于就在北方崛起，并曾在白登山围困汉高祖刘邦，迫使其接受屈辱的和平条件。五代时，契丹首领耶律阿保机乘中原内乱之机统一各部，建立契丹国，耶律阿保机即辽太祖。公元936年，后唐发生内乱，后唐将领石敬瑭叛变，并以称比自己小十多岁的辽太宗耶律德光为父和割让燕云十六州为条件求得耶律德光出兵支援，最后攻灭后唐，建国后晋。而契丹获得燕云十六州后，则将燕云十六州建设成为进一步南下的基地。石敬瑭死后，其养子石重贵继位，石重贵不愿向契丹臣服，上表只称孙不称臣，还对境内的契丹商人多方打压，耶律德光遂率军南下，大举伐晋。本篇故事的主角就是在这一役中起到了重要的作用。

　　此人名叫耶律图鲁窘，他的父亲耶律敌鲁古是辽太祖耶律阿保机的堂兄弟，曾经担任五院夷离堇。后来敌鲁古战死，太宗便将敌鲁古的职务授予了图鲁窘。这里的"夷离堇"原为部族首领之称，后来耶律阿保机为了有效控制各部族，就分出五院（北院）与六院（南院）两部，各置夷离堇。到公元938年，耶律德光改用汉语"大王"来称呼"夷离堇"，小说《天龙八部》中萧峰被称的那个"南院大王"就是如此而来。耶律德光非常信任耶律图鲁窘这个北院大王，常屏退左右和他讨论军国大事，图鲁窘的意见多符合耶律德光的心意。

公元 946 年，耶律图鲁窘跟从耶律德光征讨石重贵，后晋大将杜重威率领十万多兵马拒守滹沱桥，双方力战数日，辽军不得前进。耶律德光召开军事会议说："两军争渡，人马疲矣，计安出?"诸将都请求暂时退兵再图后事，耶律德光深以为然。但耶律图鲁窘站出来力排众议厉色进谏："臣愚笨，窃以为陛下要是乐于安逸，那只要守住边界就行了。既然想要扩大疆域，出师远攻，那就不能不多考虑点。我们打到一半就停，恰好对敌有利，南京（今北京）必然失陷，如果这样，就要陷入无尽争战，百姓就没有安枕的希望了。且对方是步兵，我们是骑兵，怎么不能击败他们? 敌军足力弱走得慢，我们可选轻锐骑兵先截断他们的粮道，事情必然成功。"听完图鲁窘这一番慷慨激昂的形势分析，耶律德光高兴地说："这真是国强则其人贤，海巨则其鱼大啊。"于是按照图鲁窘说的办法截断后晋军队的粮道，多次出兵牵制对方军力，最后陷入困窘的杜重威果然投降。耶律图鲁窘因此功获赐甚厚。

（参见《辽史·卷七十五·列传第五》）

故事评析

《辽史·卷七十五·列传第五》的传论说：辽国开国将相们拔起风尘之中，像翅膀一样辅佐王运，以任职尽心尽力取得功名。他们固然是那个时代的人才。但也是辽太祖能够推诚驾驭部下，不搞一言堂，这才能总揽群策听取集体决策中的宝贵意见而为之用。他把信任的大臣比作心腹、耳目、手足都不是偶然的说法，而是渗透到骨子里的深刻认知。所以才能取得"讨党项，走敌鲁，平剌葛，定渤海"的伟大功绩。

所以说，任何时代，任何国家，如果名臣如大鱼一样纷纷涌现，那必然也是当时的领袖拥有海洋般宽阔的胸怀，才会有"海阔凭鱼跃"的壮美人才图景出现。

第四编　聚才留才在尊崇

择一人不畏强秦

战国时期的战争较之春秋时期更为残酷，诸侯国往往动员几万甚至几十万的军队投入战争，也很少再有春秋时期那种点到为止的贵族打法，更常见的是杀人盈野、灭人社稷的国战。在此背景下，战国时期的人才使用也比前代更为开放，也出现了更大规模的人才聚集现象，战国四公子与秦相吕不韦均养士三千以上，齐国稷下学宫也聚集了大批人才。各国国君越来越接受一个现实：本事比血统重要，才能比国籍重要。

有一次，赵惠文王得到了稀世奇珍和氏璧，而这块和氏璧也很快引出了一位顶级人才。

话说秦昭王听说赵国得到和氏璧后，提议用十五座城池来交换这件宝物。赵惠文王就召集群臣商议此事，大家一时都没确定的主意，因为给秦国和氏璧吧，怕送过去却拿不到十五座城池；要说不给吧，又怕秦国会因此发兵来抢。除了给不给这个问题，还要决定使者人选，结果也找不到谁愿意去。

正在举朝一筹莫展之际，宦者令缪贤出列说："我的舍人蔺相如可以去。"赵惠文王就问："你为啥看好他呢？"缪贤就讲了个关于蔺相如的小故事："我曾经犯罪，打算去燕国避难，我的舍人蔺相如阻止了我，问我为啥觉得燕王会包庇我。我说有次我跟着大王您去和燕王会晤，燕王私底下拉着我的手说咱俩交个好朋友吧。所以这次打算去投奔燕王。蔺相如听完就笑了，他告诉我：'当初赵强燕弱，你是赵王面前的红人，燕王当然说要和你做好朋友。如今你是得罪赵王逃到燕国，燕国害怕赵王追究，只会把你绑了送回来。以我之见你还不如脱光上衣去见赵王请罪，还有机会活命。'我按蔺相如的主意找您请罪，果然得到了宽恕，我由此知道蔺相如是个智勇双全的人，可以担当此次出使秦国的重任。"

赵惠王听缪贤这么一说大感兴趣，就让缪贤快把蔺相如找来，见面就问："秦王要拿十五座城池交换寡人的和氏璧，你看能给他不？"蔺相如说："秦强而赵弱，不能说不给他。"赵惠文王再问："那他要是拿走我的和氏璧却不给我城池呢？"蔺相如回答说："秦国拿城池来换和氏璧赵国不同意，那是我们理亏；我们给了和氏璧而秦国不给城池，那是秦国理亏。权衡一下这两种情况，当然是答应秦国的条件，让秦国理亏比较好。"赵惠文王接着问蔺相如："那你说谁把和氏璧送过去呢？"蔺相如坚定地回答道："您肯定没有其他人选，我愿意担负送和氏璧去秦国的任务。赵国拿到城池，和氏璧就留在秦国；赵国拿不到城池，我一定确保完璧归赵！"赵惠文王见到蔺相如如此智慧而有勇气，当即任命蔺相如为奉璧入秦的使者。而蔺相如也不辱使命，最后将和氏璧完好无缺地带回了赵国。蔺相如回国后，赵惠文王直接拜他为上大夫，毫不计较他卑微的出身。

几年后，蔺相如陪同赵惠文王在渑池与秦昭襄王会面。宴会上，秦王提议赵王来个才艺表演，弹奏一曲瑟。赵王刚完成最后一个音符，秦国御史就开始记录："某年某月某日，秦王与赵王会饮，令赵王鼓瑟。"蔺相如一看，立即取了个缶上前请求秦王："赵王也听说秦王是秦国音乐高手，请您敲缶来助兴。"秦王一听就怒了，拒绝敲缶，蔺相如把缶递了上去，跪请秦王击缶，秦王当然还是拒绝。蔺相如一看距离够了，于是说："在这五步之内，我的颈血已经可以溅到大王身上了！"秦王的左右想要上前杀掉蔺相如，蔺相如瞪着眼睛大声呵斥他们，把他们都吓退了。古人把勇的级别分为血、脉、骨、神四个等级，蔺相如显然是那种怒而色不变的神勇之人。秦王见到此等神勇之人也只好乖乖接过缶敲了一下，蔺相如也马上让赵国的御史记上："某年某月某日，秦王为赵王击缶。"秦王群臣一看如此情况，又拿出预先策划好的一招，异口同声集体提议："请以赵国十五城为秦王献礼。"蔺相如毫不示弱，立马接口说："请以秦国的咸阳作为给赵王的献礼。"结果一场宴会下来，秦国始终找不到机会压赵国一头。加之赵国也集结了很多军队在外接应，秦国也不敢动武。双方这次会面角力可谓旗鼓相当。

通过这两次外交活动中的危机处理，赵惠文王看清蔺相如的价值所在，于是再次擢升他为上卿，位次还要高于廉颇。事实上也证明他的眼光不错，蔺相如凭借他清醒的政治头脑与强大的控制能力，之后又与廉颇共同演绎了"将相和"的经典桥段。善纳忠言的赵惠文王就是这样不计较人才的出身，只看有无真实本领，后来又选拔了同样来自基层的将军赵奢。当时的赵国有了蔺相如、赵奢、平原君、廉颇等文武大臣，政治清明，成为秦国对外兼并战争中难得的能与之抗衡的国家。

（参见《史记·卷八十一·廉颇蔺相如列传》）

故事评析

　　战国后期赵国之所以能和秦国长期抗衡，不仅因为有蔺相如、廉颇这样的贤相和勇将，更是因为有赵惠文王这样的明君。正是他广召天下有才之士，从谏如流，赏罚严明，才使得赵国在四战之地也能与强秦较量而立于不败之地。故事中他重用原本地位卑贱的蔺相如，根据任务完成情况破格提拔，堪称一代明君。

月下追回一大将

人的才能有大小、分种类，如果放到不合适的位置上可能就发挥不出来应有的效能。又或者放到一个普通的没啥技术含量的位置上也很难显现出他的巨大潜力。这放在现代企业里，涉及的是员工开发的问题，如果员工看不到组织中存在可以满足他们个人发展需求的新职位及职业发展通道等。那么一些真正有价值的员工就很有可能加入竞争对手的队伍。

秦汉之际出了一位军神，他独当一面，率领军团破魏、攻赵、下燕、灭齐、败楚，为汉帝国的诞生立下了汗马功劳，他就是兴汉三杰之一的淮阴侯韩信。

韩信年轻时家境败落，手头拮据，做不了生意，也干不成地方公务员。一般人就当这小伙子是个街头混混，觉得他啥也干不了，还经常去别人家蹭饭，是个令人讨厌的无业游民。甚至有一天韩信还被一个屠夫逼着从对方胯下钻了过去，所以他还是个怂货孬种。这种时候，只有独具慧眼的人才明白能够忍受胯下之辱的这个人有着多么强大的自控能力。当韩信看着屠夫雄赳赳的样子他其实就分析出了双方实力上的差距，而他没有拔剑把对方刺死，那是因为秦法规定私斗中杀人偿命，为了个无赖搭上自己下半辈子不值得。后世《水浒传》中杨志卖刀时忍不住杀了纠缠他的泼皮，结果丢了军官职务被刺配大名府，可说是前程尽毁。比较起来，韩信面对集市众人的围观起哄，他还能保持如此冷静的头脑，做出正确的决定，这绝对是个厉害角色啊。

　　秦末农民起义爆发，韩信也投身进入这滚滚时代洪流。他原是楚人，顺理成章先投奔的就是项梁、项羽叔侄。作为项羽帐下的执戟郎中，韩信多次企图为项羽出谋划策，可他人微言轻，项羽根本识别不来他的金点子，有时候刚张口就被厉声打断，这让韩信很是郁闷。后来秦帝国灭亡，项羽分封十八诸侯，韩信就转投了刘邦，做了个连敖小官，跟着刘邦的军队进入了蜀地。有次因为犯法要和十三个人一起被斩首，眼见前面的人都已经被斩了，血淋淋的大刀正一步步靠近他，韩信大叫起来："主上还要夺取天下吗？为何要砍了我这样的壮士！"他这一声大叫还真引起了监斩官夏侯婴的注意，得了一条性命。就这样，在命运面前不绝望不放弃的韩信经夏侯婴推荐做了治粟都尉，职务是得到了一些提升，但刘邦此时也还没把他当贤才看待。

　　刘邦的部下大多来自山东（崤山以东），进入汉中后经常思念家乡故土，于是很多人做了逃兵，包括一些基层干部。韩信这时候接触到了丰沛集团核心骨干之一的萧何，他们交谈了几次，萧何发现韩信真是个人才，而韩信也满心期望萧何推荐后刘邦会重用自己，可是萧何对刘邦提了几次，刘邦都无动于衷，于是韩信也做了逃兵。

　　萧何发现韩信"胯下战马，身背宝剑，出了东门"，他一下子慌了神，"我萧何闻此言，雷轰头顶"，来不及和刘邦报告就骑马追了出去，"顾不得山又高，水又深，山高水深路途遥远，忍饥挨饿来寻将军"。这一段后来就演绎成了著名的《萧何月下追韩信》（"麟派"周信芳代表剧目）的戏文。而刘邦听人说丞相萧何也跑了，大怒之余如同失去自己的左右手。

　　过了一两天，萧何回来了，刘邦且怒且喜见面就骂："你怎么也跑了！"萧何说："我可没跑，我是追人去了。"刘邦好奇道："你去追谁啦？"萧何回答："韩信啊。"刘邦一听继续骂："我们军官跑了几十个也没见你去追，怎么韩信跑了你就去追，骗谁呢！"萧何不慌不忙回答："那些人跑就跑了，到哪还不是一抓一大把。可这韩信那是国士无双，世间仅有的奇才。您要是决定做汉中王，那没韩信什么事，可您要是想出关争夺天下，就非得要这韩信不可。就看您什么决策了。"刘邦说："我当然要杀回去，待在汉中我下半辈子还不郁闷死。"萧何一听，心里有谱了，说："那这就好办了，您得重用韩信啊，不然他还得跑。"刘邦听萧何如此力荐韩信，也立马爽快地决定："那看你面子，我让他做个将军。"萧何摇摇头："给他个将军，他还得跑了。"刘邦沉吟一下，改口："那就做大将好了。"萧何听到这里，笑呵呵道："咱们有了他可就走运喽。"刘邦继续说："那你把韩信叫进来吧。"萧何连忙摇手："这可不行，您平素就是对待手下有些傲慢无礼，拜个大将跟召唤个小孩子一样，你要是这样不尊重人，韩信还得跑。您要是真答应任命他为大将，您得选个良辰吉日，一边斋戒一边布置拜将坛，完成全套仪式才行啊。"看见萧何如此郑重其事，想到如果韩信真有萧何说的那么神奇，那自己就能打回老家把死对头项羽给干趴下。念及此，刘邦一一答应了萧何的要求。

到了举行仪式那天，韩信缓缓登台，刘邦一反常态，毕恭毕敬，全军目睹此景惊叹不已。礼毕之后，刘邦与韩信进行了认真的沟通交流，韩信把自己对刘邦与项羽为人的分析，还有未来五年作战的战略详细道出，还特别指出要趁着大家现在都迫切想回家的心态抓紧实施反攻，"重整汉家邦，一同回故乡"。刘邦听完大喜，深感自己太晚结识韩信，于是就按照韩信的谋划，部署诸将开始实施反攻计划，由此踏上平民称帝的胜利之路。

（参见《史记·卷九十二·淮阴侯列传》）

故事评析

　　识别并提拔高潜力人才是打造集体坚强核心的一项重要工作。春秋时的管仲在辅佐齐桓公前是个生活中的失败者，他先后尝试过做生意、上战场和从政，结果屡屡失败，一事无成，原因出在哪里呢？这既是年轻人经验累积的必经过程，也是他还没有到达适合其才能发挥的位置上。由于人才的忠诚与才能的施展与管理者对待他们的态度直接相关，我们可以看到齐桓公让阶下囚管仲成为自己的国相并尊其为"仲父"，一向傲慢无礼的刘邦也放下架子做足仪式拜韩信为大将。一旦确认他们的相关能力后就充分授权，为他们施展才能提供更多的机会。本则故事中，刘邦通过夏侯婴、萧何等不同层级的推荐，以及自己问计的亲测，确定了韩信就是那个能帮自己实现争夺天下宏伟目标的人，随后在生活上予以解衣推食的物质关怀，在工作上予以有力的职业支持：安排了熟悉赵国国情的张耳（原赵国右丞相）配合韩信攻赵，又把新训练好的灌婴骑兵部队配给韩信增加其机动作战能力。正是有了这些举措，韩信才能迅速成为一代军神，同时也实现了领导者刘邦的战略意图。

皇帝的招聘广告

人才不会提前聚集在某一个地方，让领导随时按需提取。为了打败强悍的西楚霸王项羽，刘邦聚集了大量谋略过人、能征善战的人才在自己周围。但是正如叔孙通所言，这里面有相当一部分人只是擅长斩将搴旗的战斗人员，而非兴礼乐的文教人员。在政治局面形势发生变化，国家进入和平时期后，作为统一的汉帝国皇帝，刘邦需要一批新的人才来维系庞大帝国的正常运行。

刘邦称帝后，有个叫陆贾的大臣经常跟他说诗书的事情，刘邦有一次忍不住骂道："这天下是我在马背上夺取的，关诗书什么事情？"陆贾回答说："天下可以在马背上得之，但是怎么可能在马背上治理？当年商汤和周武王夺取天下，都是逆取而顺守，文武并用，王朝才得长久；吴王夫差、晋国的智伯都是穷兵黩武而亡；秦王朝也是一味保持严刑峻法不顺应时代变化，结果亡国。"刘邦听进去了。

公元前196年二月，称帝十一年的刘邦以诏书的形式发布了一个招聘广告：

据说王者没有高过周文王的人，霸者没有超过齐桓公的人，他们的共同点都是依靠贤人成就大业。如今天下难道就没有和古人比肩的贤人了吗？我看肯定还有，只是君主不去尊重和寻找，贤才又怎么能展露出来呢？如今我靠上天神灵庇佑与贤人们的帮助平定了天下，只希望这种状态一直保持下去，世世代代奉祀宗庙血食不断。各位贤人曾和我共同平定天下，又怎能不与我共享荣华呢？贤人们只要愿意和我同游共事的，我就能让您地位尊贵。我希望这个意思能够传遍天下。各级官员从御史大夫周昌开始，逐级将此诏书通告全国各地。如果在你们的辖区发现了德才兼备的人，一定要亲身前往劝说他出仕，派遣专车把他们送到相国府。要记录好他们的个人基本情况，如果有人明知贤人却不推举，我发现后就免除他的官职。贤人已经年老和体弱多病的就不必送了。

《求贤诏》一文虽然短小，却清楚地说明了诏令求贤的原因、目的和基本方法。周文王在位五十年，国势蒸蒸日上，为后来的武王伐纣储备了大量文武人才。刘邦自己从一个亭长的位置上起兵并最终平定海内，一个根本原因就是善用智能之士。所以刘邦是从历史与现实两个不同层面，清醒地认识到经营天下与贤人辅佐的紧密联系。而且他坚信高手在民间，还有大量的贤人有待发掘。后来唐太宗让封德彝举贤，封德彝很久没有反馈。唐太宗问起来，封德彝就说："于今未有奇才。"唐太宗就批评他说："过去达到治世的朝代难道还能从别的时代去找人吗？不都是就地取材。只能说是你自己没有去积极发现人才，怎么可以诬陷整个时代没有人才呢？"这一番话与刘邦所表达的意思可谓是异曲同工。在寻求人才这个问题上，肯定不能以时空来限制，而是要去主动发现。

接下来我们再看一位汉朝皇帝招聘奇才的诏书，它的发布者是汉武帝刘彻。公元前106年，汉武帝已在位三十四年，对于发掘和提拔人才已经颇有经验。过去他利用察举贤良、鼓励上书、兴办太学等综合手段，不问出身，唯才是举，选拔了大量人才，并先后于公元前134年、公元前130年、公元前128年多次下达求贤令。此次他再度下达求贤令，大背景是"初置刺史部十三州，名臣文武欲尽"。

这次的诏书是这样写的：特殊的事情必须由特殊的人才去完成。所以，有的马尽管奔跑时踢人却能一日千里，有的人士虽然背负着世俗的讥讽却能建功立业。像这样的马或人能否发挥作用，只看领导如何驾驭和使用他们罢了。为此我命令各州县的官员立即在居民中寻访那些具有杰出的才能，可以成为将相或出使遥远国家的人才。

这最后一句话可不是官样文章，汉武帝是个说到做到的人，在这道诏令发布之前就多有先例：例如汉代第一位以丞相封侯的白衣卿相公孙弘，最初只是个牧猪人；凿空西域的张骞，最初只是汉武帝身边的一位郎官，他们都是因为才能过人而被汉武帝简拔，最后青史留名。

如此大胆、张扬的招聘广告，完全能体现出汉武帝破格用人、驾驭群才的恢弘自信，对于当时主要以儒家忠孝德行等为依据的人才评价体系也有所突破。《汉书》评述汉武帝时代说："汉之得人，于兹为盛。儒雅则公孙弘、董仲舒、儿宽，笃行则石建、石庆，质直则汲黯、卜式，推贤则韩安国、郑当时，定令则赵禹、张汤，文章则司马迁、相如，滑稽则东方朔、枚皋，应对则严助、朱买臣，历数则唐都、落下闳，协律则李延年，运筹则桑弘羊，奉使则张骞、苏武，将率则卫青、霍去病，受遗则霍光、金日磾，其余不可胜纪。是以行功造业，制度遗文，后世莫及。"

这一用人方略在三国时期又为曹操所继承，公元 210 年他也发布了一条求贤令：自古开国及中兴的君王，有谁不是得到贤人君子的帮助，与之共治天下的……今天下尚未安定，正是特别需要贤人的紧急时刻……如果一定要是廉洁的人才才能被使用，那齐桓公凭什么称霸！如今天下是否还有（如姜子牙）那种身穿粗布衣服而怀抱美玉在渭水边钓鱼，或者（如陈平）那种被世人传说盗嫂受金（但却胸有韬略）的人才却没有被人所发现呢？我这里是唯才是举，只要你有真本事，我就会用你。这种身处乱世、思贤尤急的现实需要跃然纸上。汉武帝与曹操都通过求才若渴的态度表达网罗到了大批人才，从而建立了盖世功勋。

故事评析

　　千古以来，人才难得，人尽其才更为难得，而要形成济济多士的集群优势则尤为困难。所以，"得天下英雄而用之"就成了胸怀抱负的统治者的共同心愿。当汉文帝听闻边疆遭到匈奴侵扰时就思廉颇、李牧，当李世民看着南北学子进入考场时不禁得意"天下英雄尽入我毂中"。我们再看本文中所展示的几篇招贤令，就知道尊重人才、挖掘人才是我们悠久且优良的传统文化之一。

脱衣表功崇虎臣

　　三国时期，那些乱世奸雄、盖世武将、多智谋士于斗智斗勇中异彩纷呈，无数相关事迹经历代传唱，成为中华文化记忆中不可或缺的一部分。东吴雄主孙权十五岁出任阳羡县长，十八岁就接下父兄开创的江东基业，从此更是招延俊秀，聘求名士，稳固政权。他二十六岁与刘备联军，于赤壁之战中大破曹操，奠定三足鼎立局面。三十一岁时，孙权与曹操各领大军在濡须口对峙，时年五十八岁的曹操看到东吴方面舟船器仗军伍整肃，不禁感叹："生子当如孙仲谋，刘景升儿子若豚犬耳！"

　　孙权为人性度弘朗，仁而多断，崇尚侠义，喜欢招揽贤才。周瑜、鲁肃、吕蒙、陆逊这些安邦大才都得到了他的重用，曾经的劫匪甘宁亦被他收入囊中，成长为难得的斗将。一旦看准人才，孙权总是能够给予充分信任并尽可能地提供各种资源。赤壁之战前夕，听周瑜分析完战局后，孙权立即下决心，先交给周瑜三万精兵前行，自己再组织人马物资随后就到，领导支持可谓十分给力。如果新的人才任命遇到某种阻碍，孙权更是第一时间出现消除阻碍。下面这个小故事就是一个有名的相关案例。

　　公元217年，孙权留周泰镇守吴魏交兵的要地濡须口，并拜其为平虏将军。当时东吴军界的朱然、徐盛等名将都要接受周泰的统领。但朱、徐等人因为周泰出身寒门，不太服周泰的统领，这势必造成此地吴军将帅不和。孙权闻听后，就找了个理由把此地将领们聚集起来饮酒。喝到酒酣耳热时，孙权自己举着酒杯来到周泰身边，请他脱了衣服，然后指着周泰身上的一处处伤痕，询问受伤的原因。喝了不少酒的周泰就开始回忆自己的战斗受伤经过。比如有一次，周泰和孙权带了千把人被几千山贼突然袭击，孙权刚上马，山贼就已杀到眼前，砍中了孙权的马鞍，敌众我寡之际周泰奋起作战，还用身体遮护孙权，身被十二创，保住了孙权的性命……孙权问完一处，又问一处，所有将领静静听着周泰讲述累累伤痕背后的一个个故事。最后，孙权请周泰穿好衣服，拉着周的臂膊流泪道："幼平（周泰字）啊，你如熊虎般为我们兄弟俩打仗，不惜躯命，身上的几十道伤疤就像被人在皮肤上作画雕刻了一样。我怎么能不把你视为骨肉兄弟，怎么能不把军事重任交给你这样的人？你是我吴国的大功臣，当和我同荣辱，等休戚。"第二天又派人送来自己御用的伞盖。如此一番操作下来，再也没有将领敢轻视周泰，濡须口一时固若金汤，在曹操有生之年都不曾拿下此处要塞。由于孙权用人得当，历代镇守濡须口的将领都很得力，直至孙权逝世，这里都没有被魏军攻下。

（参见《三国志·卷五十五·周泰传》）

故事评析

相对于占据北方的曹魏政权，吴与蜀一直饱受着人口不足和人才匮乏的困扰。所以在引进、培养与保留精英人才方面往往会付出更多。孙权"纳鲁肃于凡品，拔吕蒙于行阵"代表了孙权在识人用人方面的高超能力。博览书传的孙权很早就积累了丰富的用人经验，周泰这样的例子在《三国志》中还有很多。孙权一方面让人才放手去干，另一方面又不是让人才空手去干，问创周泰这个案例就是一个很好的证明。周瑜是孙权哥哥孙策同年的战友，孙权在继位之后赋予了周瑜更多的责任与极大的信任。吕蒙出自基层战斗单位，脑子灵活但学问不足，孙权就劝他加强文化学习，听从了建议的吕蒙最后让鲁肃刮目相看。

猛人背后是苻坚

据说，有一次商王武丁梦见了一个叫"说"的圣人，梦醒后就按梦里的描述让人四处寻找，最后在傅岩的建筑工地上找到了这个人，于是武丁就称他为傅说，并举其为相，接下来就在他的辅佐下开始了长达五十余年的"武丁中兴"。

还有一次，周文王梦见一只生有双翅的异兽飞入自己怀中，结果在渭水边找到了直钩钓鱼的姜尚，而他恰好号飞熊。接下来姜太公辅佐文武两代周王灭掉了商朝，开启了周朝的八百年天下。

这两个故事听起来都有些玄幻的成分，但是古人却把它们奉为贤君名臣相遇的佳话。那么，像这样君臣相得的情况后面还会发生吗？当然是还有。例如唐代李德裕就说："蜀主之任孔明，苻坚之用景略（王猛），虽关羽不能移，樊世不能惑。"

王猛是南北朝时的北海郡剧县（今山东寿光）人，他生得英俊伟岸，虽出身贫贱，但博学而好读兵书，谨慎稳重，气度雄远，史书上说他是"怀佐世之志，希龙颜之主，敛翼待时，候风云而动"。王猛曾经拜访过北伐进入关中的东晋重臣桓温，留下扪虱而谈的历史典故。但他最终还是没有接受桓温的拜官，可能是觉得桓温拥兵十万但却没有坚定的北伐决心与统一天下的实力吧。

还在弱冠之年的苻坚听说有王猛这样一个贤人，就请他来见面，二人虽然年龄相差一轮，却彼此感觉思想非常契合，简直如当年刘备和诸葛亮一般。公元 357 年，苻坚政变成功夺得前秦皇位，立即任命王猛为中书侍郎，然后一年之内五次提拔王猛，使其迁尚书左丞、咸阳内史、吏部尚书、太子詹事、尚书左仆射、辅国将军、司隶校尉加骑都尉，居中宿卫。而这时的王猛才三十六岁。前秦的宗戚旧臣看到这个年轻人这么快就身居要职，难免妒忌，尚书仇腾与丞相长史席宝多次说王猛的坏话，惹得苻坚大怒，仇腾被贬为甘松护军，史席宝被贬为白衣领长史。还有一次，有个曾对前秦苻氏有大功的氐族豪帅樊世与王猛发生了冲突，当众说要把王猛的头挂在长安城头上，后来又当着苻坚的面打骂王猛，结果被苻坚下令处死。苻坚如此坚决地维护王猛，真把王猛当作自己的管仲与子产，那些心怀不满的人都吓得不敢作声。没过多久，苻坚继续提拔王猛，迁尚书令、太子太傅，加散骑长史。王猛怕招人嫉恨就多次请辞，而苻坚坚决不同意。又转他为司徒（三公之一，人臣之极），录尚书事，王猛不受。公元 370 年，王猛讨伐前燕慕容暐成功归来，苻坚再以军功进封他为清河郡侯，赏赐美女、马匹与豪车，王猛还是坚决不受。

苻坚对王猛的信用与日俱增，后来让他都督中外诸军事，全面主持前秦的军政工作。王猛感觉责任太大，要职太多，易遭嫉恨，就想推让出去几个。苻坚再次表态："这世事纷纭，人生充满意外。我在没做皇帝前能遇到你这位布衣卧龙，咱俩交往时互相惊奇于对方的表现，真是'精契神交，千载之会'啊！就算是和历史上的傅岩入梦、姜公悟兆相比也不差。自从有了你辅政，内政清明，外荡群凶，天下向定。我打算居上从容，望卿为我劳心于下。弘济之务，非卿而谁！"又过了几年，苻坚再次让王猛出任司徒要职，王猛又上疏辞让，说自己能力不够，皇上不要出于个人偏爱赋予我过多重要职务，这样一方面我担心承担不了这么多重责，另一方面也可能给皇上引来过度授予的非议。可是苻坚还是坚持自己的重用思路，最后王猛不得不接受了这个官职。从此王猛负责前秦国家的内外事务，事无巨细，莫不归之。在王猛的主持下，前秦帝国兵强国富。苻坚称赞王猛说："（我得了你，）就像周文王得到了姜太公一样，我是可以悠游到死了。"王猛谦虚说："臣可不敢比姜太公啊。"苻坚坚持赞扬："以我来看，是姜太公都不如你哦。"他还经常对太子苻宏与长乐公苻丕说："你们事奉王公，要和对我一样哦。"其见重如此。

后来王猛患了重病，苻坚亲自到南北郊、宗庙、社稷为他祈祷，还派出许多侍臣去名山大川为王猛祈福。眼看王猛疾病加重，又大赦境内殊死以下为王猛祈福延寿。但这一切还是未能挽回王猛的生命。苻坚在王猛的葬礼上多次痛哭，对太子哀叹说："上天是不想让我统一天下吗？为何夺吾景略之速也！"于是参照汉大将军的标准厚葬王猛，并要求"朝野巷哭三日"以示哀悼。

（《晋书·卷一百十四·载记第十四》）

历史重演

如萧何之镇静关中，寇恂（东汉开国功臣）之安辑河内，葛亮相蜀，张昭辅吴，茂宏（王导，东晋开国功臣）之经理琅琊，景略之弼谐永固，刘穆之（刘宋名臣）众务必举，杨遵彦（杨愔，北齐宰相）百度惟贞，苏绰（西魏名臣）共济艰难，高颎（隋朝开国功臣）同经草昧，虽功有大小，运或长短，咸推股肱之林，悉为忠烈之士。若乃威以静国，谋以动邻。提鼓出师，三军贾勇；置兵境上，千里无尘。内外兼材，惟孔明、景略也。（参见《全唐文·卷一百七十一·隋高祖论》）

故事评析

　　像苻坚与王猛这样君臣相得共创大业的君臣在历史上并不多见，苻坚对于王猛的信任是一种"举国听之，间者必死"的充分信任。苻坚不仅给足了王猛各种物质上的外部激励，而且给足了他人尽其才的内部激励。他充分给予了王猛如有意义的工作、自主性、职业发展和发挥专业能力的机会，对于非议王猛的那些人进行了毫不犹豫的打击，维护了王猛的权威，最终使得王猛全身心投入到前秦事业之中。"王猛之事秦，竭忠尽智，至于临殁之时，犹惓惓以善作善。"王猛当然有锐意进取的王佐之才，但也是苻坚待之如旧，始终不失大度包容的内部激励让他可以去放手施展，二人携手"一奋冲天跨六州"。比如王猛整治京师治安时处死了太后的亲弟弟，苻坚不但没有怪罪，反而赞叹不已，真是"开何有意容王猛，肯使鱼羊食不留"了。王猛正是在领导多年如一日的坚定支持下方能进入一流将相的行列。如果不是苻坚在王猛死后完全违背了王猛的遗言，疏于对鲜卑和西羌的防范，反而去进攻东晋，导致淝水之战大败，自己也被叛羌姚苌所杀，前秦未必不能统一天下，如果那样，王猛的风头会盖过诸葛亮甚至是姜太公也不是不可能的吧。

"独立使君"裴侠

裴侠原名裴协，是北魏西河郡守裴欣之子。裴协十三岁丧父，后举秀才步入官场，历任北魏政权的义阳郡守、东郡太守。在北魏分裂为东西两魏之际，他选择了西魏，除宇文泰丞相府士曹参军。公元537年，宇文泰与高欢两军战于沙苑，裴侠率领乡兵部曲随军作战，冲锋陷阵十分勇敢。宇文泰赞赏他的勇敢果决，说他"仁者必勇"，让他改名为裴侠。他因战功晋升为侯爵。公元542年，并州刺史王思政奉命镇守玉壁，在朝中选择镇守之将，最后选了裴侠为部下长史。东魏高欢以高官厚禄招聘王思政。王思政让裴侠代为复信，文字气势雄壮。宇文泰看后称赞裴侠堪比战国时有雄辩之才的鲁仲连。

后裴侠因功拜为河北郡守。他在任上躬履俭素，爱民如子。河北郡有旧例，只要是本郡郡守，就拨给他渔猎者三十人专供肉食，男丁三十人专供力役。裴侠知道后说："为满足自己的口腹之欲就去役使这么多人，我做不了这样的事情。"于是免除了猎户为郡守供肉食的劳役；不要力役，而用代役钱买了些马供官府使用，几年后他离任时马已繁殖成群，他一匹也没带走。郡内吏民感谢有如此清廉的长官，于是编了歌谣广为传颂他的品德与事迹："肥鲜不食，丁庸不取，裴公贞惠，为世规矩。"这款歌谣也传到了宇文泰耳中。

于是，在一次全国各地郡守到中央述职汇报工作的时候，宇文泰就请裴侠出列独立在一边，然后对其他郡守说："裴侠奉公清廉，为天下之最。你们中谁自觉有如侠者，也可以站到这边来。"众郡守都不敢应声，全部默然站在裴侠的对面。于是宇文泰厚赐了裴侠，朝野上下都心服口服，从此称他为"独立使君"。宇文泰也在众郡守中树立了一个清廉爱民的榜样。

（参见《北史·卷三十八·列传第二十六》）

故事评析

　　作为领袖，尊崇某个人才有时就是树立一个榜样，希望带动一种风气，放在企业则是宣传一种企业文化。领袖的尊崇也会让人才得到一种超越物质的精神激励。裴侠一生都在努力工作，"清德"是他的持身之基。他的两个从弟也在丞相府任职，一度嘲笑他的为人清苦。不想裴侠说他作为大宗长房的子孙必须坚持"清者莅职之本，简者持身之基"，如此才能世济其美，见称于朝廷，流芳于典策，以及"固其穷困，非慕名也，志在自修，惧辱先也"，结果他的两个从弟羞愧而退。事实上，"清德"在当时已逐渐成为裴侠的某种"品牌"。在这种"品牌效应"下，当他去做工部中大夫的时候，有个部下被吓得自首，交出了赃款五百万钱。

元魏三代有崔浩

唐代朱敬则的《隋高祖论》与杜牧的《注孙子序》曾不约而同地提到了一位谋略大师，他就是北魏大臣崔浩。颜之推的《颜氏家训》也把崔浩奉为上品人物。

崔浩出身于北方大族清河崔氏，"才艺通博，究览天人，政事筹策，时莫之二"，时常自比于张良。他历仕北魏道武帝、明元帝、太武帝三朝，是太武帝最重要的谋臣，深受其倚信。他屡次力排众议，判断时机，辅佐太武帝灭亡胡夏、北凉等国，击破柔然，解除了来自北方和关中地区的军事威胁，打开了通往西域的商道，为促进北魏统一北方做出了重大贡献。

公元398年，十七岁的崔浩入仕北魏道武帝拓跋珪政权，最初担任的是给事秘书与著作郎。一生多杀戮的拓跋珪到了晚年时因为服药，脾气更加暴躁，经常责罚甚至处死身边的人，宫里伺候他的人能躲就躲，唯独崔浩恭勤不怠不受影响，拓跋珪因此赐他御粥。

公元409年，崔浩被刚即位的北魏明元帝拓跋嗣拜为博士祭酒，从此开始常为十七岁的拓跋嗣讲授儒家经典。拓跋嗣每次去郊外祭祀天地，都让崔浩乘坐轩轺车，时人羡慕不已。崔浩一直是一个学霸，他读书的状态据他老年时的回忆是："我自幼身子骨弱，成人之后还不如一个健壮的妇女。我就专心思考书本中的精义，经常为此忘记了吃饭睡觉，甚至梦里还和鬼魂争论经义，终于明白周公与孔子的要术。"这就是我们常说的把书给读通了。崔浩由此具备远超常人的通达智慧、独立思考能力与极富说服力的口才，越来越得到君王的器重，逐步参与到军国大事的谋划中。

公元 417 年，刘裕为顺利进军后秦的关中，派人出使北魏，请求借道。北魏满朝公卿都认为应该拒绝，崔浩却认为应该让刘裕借道，然后坐山观虎斗，但拓跋嗣还是听从了多数人的意见，派兵阻挡，最后被刘裕军击败，拓跋嗣后悔不已，从此在很多事情上都愿意听取崔浩的分析。后来，拓跋嗣称赞崔浩是博闻强识，精于天人之会，在册立储君等事上全都采纳崔浩建议。

公元 423 年，十五岁的拓跋焘即位，是为北魏太武帝。当时左右官员尤其是鲜卑贵族忌恨崔浩，一起排挤毁谤他。拓跋焘虽然知道他的才能，但不能不接受众议，故罢黜了崔浩，让他以公爵的身份归家闲居。但一旦碰到有什么疑难大事，便召来请教。当时朝廷议事，还会因一些天文异象而影响决策，此外就是利益团体自己打的小九九。崔浩往往能凭借自己广博的知识与对人间事情的熟谙，以及对形势的准确判断舌战群臣。拓跋焘听完崔浩与群臣的辩论后就基本可以做出正确决策。在一次次赢得军事胜利后，拓跋焘对于崔浩的才华与谋略大为敬服，在多个场合称赞他。他曾对崔浩说："你才智渊博，历事我的祖父与我父亲，尽忠三世，因此我对你特别看重。希望你凡有所思，直言相告，助我治世。我这人有时脾气不好，也许不能采纳你的建议，但过后静思，却总觉得你所说很有道理。"他还曾指着崔浩，对新归降的高车酋长们说："你们别看此人纤弱不堪，手不能弯弓持矛。可他胸中所怀，却远胜许多甲兵。我之前挺犹豫是不是要征讨你们，后来下定决心，前后克捷，都是他将我引导至此啊。"于是敕令众尚书："日后凡属军国大计，你们自己拿不定主意的，都应先征询崔浩的意见，然后施行。"

公元 439 年，拓跋焘听取崔浩策略消灭北凉，随后在宴会上拉着崔浩的手对蒙逊的使者说："这就是人们所说的崔公了，他的才略之美，当今无比。朕行止必问，成败决焉，若何符契，毫无差错。"其后任命崔浩为司徒，又督导中外诸军事，辅助东宫太子。一时尊荣几乎与苻坚对待王猛一样。拓跋焘对崔浩不仅是信任，而且很亲近。他有时到崔浩家中向他请教，崔浩仓促之间来不及制作精美的食品，就搬出家常菜肴，拓跋焘总是拿起来就吃，这是严重违反当时制度的行为，但两者的关系就是亲密到了这种程度。

（参见《魏书·卷三十五·列传第二十三》）

历史重演

唐朱敬泽《全唐文·卷一百七十一·隋高祖论》："神人无功，达人无迹。张子房元机孤映，清识独流。践若发机，应同急箭；优游澹泊，神交太虚，非诸人所及也。至若陈平、荀彧、贾诩、荀攸、程昱、郭嘉、田丰、沮授、崔浩、张宾等，可谓天下之菁英。帷幄之至妙，中权合变，因败为功，爰自秦汉，讫於周隋。"

唐苏图元《崔令尹颂德记》："张宾、崔浩，曾施神国之谋；荀彧、田丰，亦运制胜之策。"

唐杜牧《注孙子序》："周有齐太公，秦有王翦，两汉有韩信、赵充国、耿恭、虞诩、段颎，魏有司马懿，吴有周瑜，蜀有诸葛武侯，晋有羊祜、杜公元凯，梁有韦睿，元魏有崔浩，周有韦孝宽，隋有杨素，国朝有李靖、李绩、裴行俭、郭元振。如此人者，当此一时，其所出计画，皆考古校今，奇秘长远，策先定于内，功后成于外。"

故事评析

　　崔浩虽然最后因《国记》事件而遭灭族，但这并不能否定历史上他那远超常人的谋略。而拓跋焘虽然最后由于诸多原因处死了崔浩，但之前这一对君臣有长达二十七年的相互信任与合作，那段历史仍不失为尊崇人才的一个典范。史书记载，崔浩被杀后，有一次拓跋焘在北伐途中听说宣城公李孝伯病故，拓跋焘听了很伤心，对左右说："李宣城可惜！"既而又说："朕向失言，崔司徒可惜，李宣城可哀！"这足见拓跋焘对崔浩的复杂情感。

垣崇祖赢得鼓吹

南北朝时期的中国南北方处于分裂状态，其中南朝作为东晋的后继，始于公元 420 年刘裕建立南朝宋帝国，其后又依次有齐、梁、陈，总计四个政权。这其中的南齐是最为短命的一个朝代，享国仅有二十四年。虽然如此，在南齐萧道成父子开国之际还是重用了不少大有作为的人才。本篇介绍的垣崇祖就是其中一员。

垣崇祖出身地方豪强大族，祖父率领部曲归降宋武帝，官至龙骧将军。父亲则在宋孝武帝时做了积射将军。到了垣崇祖可谓是三代将门。垣崇祖十四岁时就显露了才干，他的伯父豫州刺史垣护之在宗族们面前称赞他说："此儿必大成吾门，你们今后都不如他。"果然垣崇祖后来领兵多次战胜北魏军队，成为宋帝国的一员虎将。他在淮阴遇见萧道成时，萧见他武勇就很是善待于他。对此垣崇祖大感知遇之恩，于是对自己的妹夫皇甫肃说："萧道成真是我的君王啊！我如今是遇到真正的主人了，所谓千载一时。"

公元 479 年，萧道成称帝，他预测北魏很快就会对新政权采取军事行动，而首当其冲的就是军事要地寿春。萧道成认为能够担负抵御北魏重任的最佳人选就是此时任冠军将军、兖州刺史的垣崇祖了。于是改任垣崇祖为豫州刺史，将军号不变，全权掌管豫、司二州地区军事行动。公元 480 年，北魏出动号称二十万的马步大军进攻寿春。垣崇祖创造性地采取新战法，不像以往一样退守内城，而是修筑外城，再立堰引入淝水制造了三面险要。在北魏军队蚁附进攻北堰上小城的时候，垣崇祖指挥数千守军顽抗。等到申时魏军疲惫之际，垣崇祖命人扒开堤坝，大水奔流而下，一下淹死北魏数千军马，他们全军因此溃退。当初，垣崇祖常在萧道成面前自比为古代名将白起与韩信。周围人都不信他有这本事，只有萧道成称许他的将才。这次寿春捷报传来后，萧道成对朝臣们说："垣崇祖向我许诺可以制服北魏，果如其言。他一直自比韩、白，今真其人也。"于是加封垣崇祖为都督，号平西将军。垣崇祖听说其他几位南齐将军陈显达与李安民都因战功赏赐了仪仗队，于是上奏要求鼓吹与横吹。萧道成立即批复："韩、白何可不与众异！"给鼓吹一部。得到如此奖励的垣崇祖更加尽职尽责，他预测北魏下一次的进攻目标将会是下蔡，于是又提前布防，在这年冬天再次大破北魏军队，追奔数十里，斩杀数千人。

（参见《南齐书·卷二十五·列传第六》）

故事评析

　　在南北朝时期，南方政权多采取守势，所以特别需要能与北军对抗的军事精英来保卫政权。萧道成与垣崇祖君臣之间相互欣赏，尤其是萧道成始终信任垣崇祖的军事才能并委以重任。在垣崇祖取得寿春保卫战的胜利，逼退北魏军队后，萧道成及时奖励并赐与特殊的尊崇，这大大激发了垣崇祖尽心竭力报效南齐政权的事业心。而萧道成也得以在内部叛乱与北魏军事的威胁下维持南齐政权，后来顺利移交给齐武帝萧赜。

夸出勇将

竞争在人类历史中无处不在，人才对竞争的胜负至关重要。崛起时期的契丹民族本就十分彪悍，但其仍然需要吸纳各族精英加入自己的大业，并为他们的发展营造良好的工作环境。高模翰作为一名渤海人，就在这个阶段逐步成长为辽国大将。

高模翰年轻时力气很大，而且善骑射，好谈兵。在辽太祖灭亡了渤海之后，他逃到了高丽，高丽王见他是个人才，就把自己的女儿嫁给了他。后来他因在高丽犯罪逃了回来，结果又因为酒后杀人被关进监狱，可辽太祖赏识他的才能，就出钱为他赎了罪。公元936年七月，后唐派遣张敬达、杨光远带领大军攻太原，石敬瑭遣人求救于辽太宗耶律德光。耶律德光率军于九月援救太原，高模翰击败了同样善于骑射的张敬达，太原围解。此后高模翰又数次击败后唐军队。石敬瑭建立后晋后，耶律德光下谕给高模翰说："朕自从起兵以来，身经百余战，卿的功劳排在第一位，即使古代的那些名将也没有人能超过你。"于是，授高模翰为上将军。公元938年，耶律德光改皇都为上京，改革官制。在完成册礼后，耶律德光在二仪殿宴请百官和各国使节。他指着高模翰说："此国之勇将，朕统一天下，斯人之力也。"群臣皆称万岁。

公元942年石敬瑭病死，石重贵继位，他决定脱离对契丹的依附。于是公元944年，契丹出兵南下攻打后晋。高模翰作为统军副使，跟僧遏一起为大军的前驱先锋，连续攻破后晋的多处军寨。这年冬天，高模翰又奉命兼统左右铁鹞子军，率部攻下雁门关以南的数十座城邑。次年三月，再次大破后晋军，斩首俘获甚众，进而攻破饶安城，晋人震惊，不敢与之交战，他也因战功加封太傅。

公元946年，耶律德光指使瀛州刺史刘延祚向后晋诈降，诱后晋出兵接应。石重贵不察真伪，即命杜重威、李守贞等会兵北上。十一月，杜重威领兵抵达瀛州，瀛州城门洞开，寂若无人，杜重威等不敢入城。此时听闻高模翰先已引兵潜出，杜重威遂遣部将梁汉璋率2000骑追击，高模翰对左右说："用兵之法在得体而不在于多。以多欺少，不义之师再多也是一败。这不正是说的后晋军队吗？"随后带领麾下三百精兵迎战，斩杀了梁汉璋。杜重威等得知了这个消息，引军南撤。耶律德光闻讯大喜，亲自起草诏书褒奖高模翰，在诏书中将他比之为汉代名将李陵。

杜重威退兵后耶律德光乘势率大军沿易、定趋恒州。杜重威与张彦泽合兵返恒州，进至滹沱河。耶律德光召见高模翰向他询问破敌之计，高模翰陈述了自己的想法。耶律德光称赞他说得好，还说："诸将所献之计都不及此计。"于是派高模翰带兵去守中渡桥。待到交战，张彦泽率骑兵来争夺中渡桥，高模翰将他击败，契丹军焚桥，两军夹河而阵。耶律德光战后接见高模瀚，对他说："朕登高观看两军形势，看到卿英锐无敌，好比雄鹰追逐野鸡野兔一般。我要像汉宣帝一样在麒麟阁之中为你画像，赐爵使你子孙世代沿袭。"十二月，杜重威以穷途末路投降，契丹军挥师南下直入后晋都城东京，后晋灭亡。公元947年正月初一，耶律德光进入东京，在崇元殿接受百官朝贺，高模翰被加特进检校太师，封悊郡开国公，赐玺书、剑器。

耶律德光去世后，后两代辽帝继续给予高模翰厚遇，公元959年正月，高模翰迁升中台省左相，同年病卒。

（参见《辽史·卷七十六·列传第六》）

历史重演

　　甘露三年……上思股肱之美，乃图画其人于麒麟阁，法其形貌，署其官爵姓名……皆有功德，知名当世，是以表而扬之，明著中兴辅佐……凡十一人，皆有传。（参见《汉书·卷五十四·李广苏建传》）

故事评析

　　尊重需求是指人们需要树立良好的自我形象，并赢得他人注意、认同和欣赏。在组织中，尊重需求体现为期望得到认同、荣誉、地位提高等。耶律德光等几代君王的做法显然符合这种满足型激励理论，尤其是耶律德光多次夸赞，显然让高模翰体验到一种成就感。如此一来他常年都能坚持拿出自己最大的热情与耐力，为组织的事业做出了重大贡献。

第五编　领才带才必先行

授权与分权——人事管理的大学问

管理授权问题历来是人事管理工作的一个大问题。领导者不会授权，轻则难以有足够的精力处理繁杂事务，重则可能导致人亡政息。因此，对于这个问题，先贤们早就开始了探索解决与经验总结。

苏秦的弟弟苏代也跟苏秦一样以游说而著称于诸侯。苏秦在燕国的时候曾与燕国国相子之家结亲，苏代也由此与子之相熟。后来子之在燕国权势日重，苏代也有意促进子之在燕国的地位。有一次，苏代作为齐国使者出使燕国，燕王唅问他："齐王这人怎么样？"苏代回答："一定不会称霸。"燕王又问："为什么？"回答说："他不信任他的臣下。"于是燕王更加信重子之，而子之也送给苏代百金为谢。另一个大臣鹿毛寿也对燕王说："人们称道尧是贤明君主，就是因为他能让出天下给许由，而许由不受，所以尧有让天下之名而实不失天下。现在燕王您要是把国家让给子之，他也必然不敢受，那您就能与尧有同样的名实。"燕王于是把国家托付给了子之。子之从此大权集于一身。还有人劝燕王："上古时禹推荐益为接班人，又任命儿子启的属下当益的官吏。到老时，禹说启不能胜任治理天下的重责，把君位传给益。然而启勾结自己的党羽攻击益，很快夺取了君位。因此天下人都说禹明着是传天下给益，而实际上是安排启去夺位。现在燕王您虽然说了把国家交给子之，但官员都是太子的人，这同样是名义属于子之而实权在太子手里啊！"燕王便下令收缴所有官印，把三百石俸禄以上的官职都交给子之任命。从此，子之南面行王事，燕王不再听理政事。子之行王事三年后，燕国内乱，数月死亡数万。此时，齐王命章子为大将，率领部队征伐燕国，燕国士兵毫无战意，齐国捕获了子之把他剁成肉酱，燕王哙也同时被杀。

因推行"胡服骑射"而名垂青史的赵武灵王在年龄逐渐增大后，就想享受几年快乐生活。于是他把王位传给赵惠文王，自己则号为主父。退位后，有一天赵主父旁窥朝会，看见大儿子公子章反而要向弟弟惠文王行臣礼，心生怜悯，就想把赵国一分为二，让公子赵章在代地称王。当然这也不是一个随便就能下的决定，于是就暂时搁置了下来。不久，赵主父和赵惠文王到沙丘游猎，分别宿于不同的行宫。这时，公子章率领门徒作乱，假称赵主父的命令召见赵惠文王，想要杀死他，在此千钧一发之际，公子成和李兑从国都赶来，发动四邑的军队镇压了叛乱，公子章失败后躲入了赵主父居住的行宫，赵成和李兑带兵包围了主父行宫，公子章就死在这里。公子章死后，赵成和李兑觉得他们虽然是因为追击公子章而包围了主父行宫，但这依旧是大罪，即便现在撤了兵，也会被灭族，于是他们干脆继续围困主父宫，而且下令"行宫中人晚出来的杀！"宫中的人听见命令后全部逃了出去，赵主父想出宫却不被准许，外面又不送食物进来，赵主父只能自己探取等待哺食的雏鸟吃，最后饿死在沙丘行宫。

有一天，韩宣惠王想让公仲、公叔来分别掌管国家政事，又觉得心里不踏实，就找大臣缪留征求意见。缪留说："我认为这个不可行。过去晋国重用六家大臣，而后来强大的晋国就被其中三家瓜分；齐简公让陈成子和阚止两位大臣分别执掌大权，最终导致自身被杀；魏国任用犀首和张仪，结果沦失了西河的大片领土。现在您打算重用他们两位，那么强的一方必然会在国内结党营私，弱的一方便要去寻求外国支援。群臣中有的在国内树立党羽，有的通过削地来结交外国，这样国家就危险了。"韩王听后觉得有道理，就放弃了这个想法。

（参见《史记·卷三十四·燕召公世家》《史记·卷四十三·赵世家》）

故事评析

　　看了以上三个案例，大家都会说燕王太傻，赵王过于儿女情长，韩王起初的设想太天真。事实上，这些历史人物能称王并治理一个国家并没有我们想象的那么简单，之所以犯了幼稚病，主要是他们过于执着于个人私名、私利和私情，忘记了他们所授之权乃是国家公器，稍有不慎就会祸国殃民。事实上，今天的企业领导人犯类似错误的并不在少数。从管理学上看，授权不同于分权，分权一般是在组织机构设计时，为了便于开展工作以及进行权力之间的互相监督、制约而进行的一种组织设计。比如，在春秋战国时代就设有御史一职行使监察功能，秦以后历代都设有监察机构，御史大夫负责监察百官；海外一些国家三权分立，这都是属于分权。授权则是将自己手中权力授予下级，以协助自己完成本职工作的管理行为。有位管理专家曾说："再能干的领导者，也要借助他人的智慧和能力。作为经理人，你唯一要做好的事情，就是精选人才，训练他们，然后授权给他们，让下属尽量发挥自己的才能。"那么，如何进行授权呢？一要视能授权，同时要加强对授权对象"德"的考察；二要适度授予，授权不是将自己手中权力全部分出去，而是根据组织战略的需要授可授之权，领导人除非离职外不能把权力全部授出；三要权、责、利综合考虑，在授权之前建立一套健全的监督检查制度，制定可衡量的工作标准和适当的报告工作制度，同时有权力就要承担责任，承担责任就要匹配利益，确保权力在可控的轨道内高效运行；四是授权就要信任，应发挥制度监督与群众监督作用，决不能让领导者在个人之间相互猜忌，否则必然会发生矛盾。

回归大道的赵王

对于位居君王这种地位的人来说，稍微不加节制就会因为迷恋某种文艺爱好而影响政事，严重的甚至会造成国家衰败乃至灭亡。这类国君在史书上层出不穷，例如戏曲爱好者唐明皇与后唐庄宗，著名词人南唐二主，书画双绝宋徽宗。

赵烈侯非常喜欢音乐。有一天，赵烈侯咨询国相公仲连说："我有特别欣赏的音乐人，我可以提升他们的政治地位吗？"公仲连说："您可以让他们生活富裕，但是不能让他们地位尊贵。"赵烈侯说："那好吧，给枪、石两位歌唱家每人一万亩田。"公仲连表面爽快地答应了，可就是拖着不落实。一个月后，赵烈侯过问此事。公仲连说："找了，但找不到合适的田地。"继续拖着不给。又过了一阵子，赵烈侯又问起这事，公仲连还是没给，后来就说自己病了不再上朝。

听说公仲连病了，番吾君前去探望，他知道公仲连真实的病因，就说："您确实是个讲原则的好人，可是您还没有抓住问题的关键啊。您作为赵国的国相都已经四年了，这期间您有推荐过什么人吗？"公仲连说："那还真没有，你有什么好人选吗？"番吾君说："牛畜、荀欣、徐越都不错。"公仲连于是上朝向赵烈侯推荐牛畜等三人，赵烈侯同意后又问起给歌唱家们的一万亩。公仲连敷衍说："我还在给他们挑肥沃的土地呢。"随着牛畜等三人的到任，牛畜给赵烈侯讲仁义与王道的原理；荀欣为赵国选拔人才，根据才能类型大小确定岗位；徐越则帮助赵烈侯理财，增加国库收入。如此过了一阵子，仿佛脱胎换骨的赵烈侯主动找到公仲连说："那个给歌唱家的万亩良田就算了吧，我送你两袭新衣服，你推荐的三个人真是能干啊。"

许多年后，赵烈侯的后裔赵惠文王迷恋上了看武士斗剑，他认为这是推广单兵格斗技术的行为，不仅娱乐身心，而且是与国家大事有机结合的有意义的事情，于是斥巨资招募了三千剑客，每天去看他们生死相搏，这些剑客每年要死伤百余人。这项国君热衷的活动持续了三年之久，赵国因此显露衰败之相，其他诸侯国则蠢蠢欲动。

赵太子为此非常忧愁，就召集手下开会，悬赏千金，招募能言善辩之士前来说服父王，手下都说庄子能完成这个任务。于是赵太子派人携千金请庄子出山。庄子拒绝了千金，与太子会晤后，穿着剑客服装和太子一起去见赵惠文王，引起赵惠文王的极大兴趣。可就在庄子展示剑术前，他开始大讲天子剑、诸侯剑与庶人剑三种剑的区别。听得赵惠文王心惊肉跳，午饭都吃不下了，终于明白自己的格局很有问题，没搞清楚政治与管理的重心所在，于是不再出宫去看击剑比赛。三个月后三千剑士死的死伤的伤，剩下的绝望离去，此事宛如一场梦般烟消云散。

庄子介绍的诸侯剑是这样的："诸侯之剑，以知勇士为锋，以清廉士为锷，以贤良士为脊，以忠圣士为镡，以豪杰士为夹。"这样由众多人才复合成的一把庞大无形之剑，一旦符合民意，顺应天地，挥动起来就犹如雷霆降临，能让邻国宾服听命。赵惠文王被这个豪迈的意象所征服，从此改变看人的眼光，聚集了平原君、蔺相如、廉颇、赵奢等一班文武大臣，确保了其在位期间的政治清明与武力强大。

（参见《史记·卷四十三·赵世家》《庄子·杂篇·说剑》）

故事评析

　　一个领导必须高瞻远瞩，有一个明确的战略，有一个目标和信念。他必须胸怀全局，看到决定与决定之间的相互关系。他必须冷静精细地分析他的机会，然后断然采取行动。他的首要职责之一在于为组织选择优秀的人才放到合适的岗位上去，他不是不能没有其他喜好，但是主要精力必须致力于此，否则就是玩物丧志没有分清主次。领导人最宝贵的东西之一就是时间。如果把时间都浪费在与执政无关的事情上，不把娱乐和主业区分开来，那他必将失败。

得人最盛汉武帝

史书记载，汉武帝雄才大略，在位五十四年，功业甚多，选人用人多得上品。

武帝朝白衣拜相封侯的第一人是公孙弘。公孙弘是菑川国薛人，他年轻时做过狱吏，后来因罪免职，由于家境贫寒就到海边牧猪。他四十多岁才开始学习《春秋》杂说，六十岁时曾被汉武帝以贤良征为博士出使匈奴，但是出使结果不合汉武帝的意，所以他就以病为由去职回了老家。到他七十岁的时候，汉武帝又向天下征辟贤良文学之士，菑川国再次推荐了公孙弘，并把他用公车送往京师参加策问。公孙弘在对策中强调天子应身正，为百姓树立信义，并提出凭才干任用官员，不听无用的意见，不制造无用的器物，要做到有德者进无德者退，有功者上无功者下，犯罪者要得到惩罚，贤良者应得到奖赏。当时参加对策的有一百多位贤良，公孙弘的对策被太常列为下等。可是汉武帝看过之后，却认为他的对策最好，就把他的名次提到第一名，并立即召见他。汉武帝看到这位老人丝毫没有颓唐衰老之像，而且还状貌甚丽，就拜其为博士。此后，由于公孙弘的建议多次被汉武帝采纳，他一路被擢升为左内史、御史大夫，不过六年就被任为丞相。按照汉朝先前的制度，丞相之职一直选用列侯担任，而公孙弘此时却还没有爵位，于是汉武帝破例封公孙弘为平津侯。公孙弘经常在汉武帝面前宣扬"人主病不广大，人臣病不俭节"的君臣理念。前半句被汉武帝听进去后极大地扩充了他的心胸与格局。而公孙弘自己生活简朴，每顿就一个荤菜配粗粮，俸禄多用来奉养朋友及宾客，家里基本没有余财。

通过荐举、对策或上书得到汉武帝欣赏的还有主父偃、徐乐、严安、严助、朱买臣、董仲舒等人。汉武帝看了主父偃、徐乐、严安三个人的上书后立刻召见他们，见面就说："你们之前都在哪里啊？何相见之晚也。"于是一起拜为郎中，主父偃尤其得到欣赏，一年之中四次升迁成为中大夫。为了巩固皇权，解决汉高祖刘邦以来的诸侯王问题，主父偃为汉武帝想出了一个表面上宽大温和的"推恩令"，规定诸侯王除以嫡长子继承王位外，可以推恩将自己的封地分给其他子弟，由皇帝制定封号。从而逐步瓦解诸侯国的实力，使其再也不具备挑战中央核心的能力，由此也再不会出现七国之乱一样的帝国危机。

汉武帝还很喜欢优美的文学作品。有一次他读到《子虚赋》，大为赞叹："朕为何不能和这样的人同一时代呢！"旁边的狗监杨得意就说："这是我老家的司马相如写的东西啊。"于是汉武帝即刻命人把司马相如找来，司马相如当场洋洋洒洒来了一篇《上林赋》，这篇文章后来成为汉大赋的代表作之一。后来，汉武帝命唐蒙征发巴蜀吏民去开辟西南夷通道，司马相如又写了一篇《难蜀父老》，文中论述了开通西南夷的意义，还提到贤君践位就不会细碎拘泥，拘文牵俗，而是"盖世必有非常之人，然后有非常之事；有非常之事，然后有非常之功"。

后来班固总结武帝朝用人的盛况是：公孙弘、卜式、儿宽皆以鸿渐之翼困于燕爵，远迹羊豕之间，非遇其时，焉能致此位乎？是时汉兴六十余载，海内乂安，府库充实，而四夷未宾，制度多阙，上方欲用文武，求之如弗及。始以蒲轮迎枚生，见主父而叹息。群臣慕向，异人并出。卜式试于刍牧，（桑）弘羊擢于贾竖，卫青奋于奴仆，（金）日磾出于降虏，斯亦曩时版筑饭牛之朋矣。汉之得人，于兹为盛。儒雅则公孙弘、董仲舒、儿宽，笃行则石建、石庆，质直则汲黯、卜式，推贤则韩安国、郑当时，定令则赵禹、张汤，文章则司马迁、相如，滑稽则东方朔、枚皋，应对则严助、朱买臣，历数则唐都、落下闳，协律则李延年，运筹则桑弘羊，奉使则张骞、苏武，将帅则卫青、霍去病，受遗则霍光、金日磾。其余不可胜纪。是以兴造功业，制度遗文，后世莫及。

（参见《史记·卷一百一十二·平津侯主父列传》《史记·卷一百一十七·司马相如列传》）

故事评析

又是相见恨晚，又是叹不同时，汉武帝的求贤若渴之心溢于言表。其实他和这些优秀的人才是相互成就的，在公孙弘的人主广大和司马相如的非常之人等说法的加持灌注下，武帝的雄才大略就更加凌驾于那些寻常的守成之主之上。他识别与驾驭人才的能力超乎寻常，确实不再为一些世俗的看法所拘束，所以班固赞叹他可以使用高龄的公孙弘和商人出身的桑弘羊。此外，汉武帝所特有的人格魅力似乎也与他对文学的喜好有所关联。他不仅爱看司马相如的大赋，欣赏东方朔的滑稽妙语，而且自己也能创作一些文学作品。这似乎也印证了尼克松在《领袖们》中所阐述的一个现象，即"我所认识的伟大领导中，几乎有一个共同的特点——酷爱读书"。

刺史不许人自弃

魏晋时期，士大夫们厌倦了两汉经学的烦琐枯燥和谶纬神学的怪诞肤浅，他们开始转向哲学意义的命题。外加当时战乱的频繁和门阀制度带来的阶层固化等原因，人们很容易感觉到世事无常和个人力量的渺小，于是他们纷纷"脱实向虚"，清谈之风盛行，后人评价其为"虚无之谈，尚其华藻，此无异于春蛙秋蝉，聒耳而已"。

陶侃是一代名将，在东晋的建立过程中，在稳定东晋初年动荡不安的政局上，他多有建树。陶侃出身南方寒门，可他能冲破门阀政治的重重阻碍当上了东晋炙手可热的荆州刺史且颇有治绩。他靠的是什么呢？靠的是一股崇尚实干、不懈追求的精神。

陶侃在州府无政事时，总是早上将一百块砖搬到书房外，晚上再运到书房内。别人问他此举原因，他回答说："我正在致力于收复中原，如果现在享受着过分的优游安逸，恐怕机会来临就不能承受大事呢。"他勤勉努力的种种行为都有类似这种出发点。当时造船，边角料的木屑和竹头他全让人收起来管好，属下都不知道为啥。后来遇到下雪天，他让人用木屑铺地防滑，而到桓温伐蜀时，又用上了陶侃贮存的竹头做竹钉造船，陶侃为人的综理微密，多如此类。

陶侃生性聪慧敏捷，为官勤恳，敬老爱幼。他整天严肃端坐，但处理军中、府中千头万绪的事情却没有一点疏漏。远近的人来信，他都亲自答复，文笔流畅，不带一点晦涩。招待或送行及时有序，门前没有停留或等待的人。

他常对人说："大禹是圣人，还珍惜一寸光阴一寸金。像我们这样的普通人赶不上圣人，那就更应该珍惜时间了，怎么能够游乐纵酒？活着的时候对人没有益处，死了也不被后人记起，这是自弃，自己毁灭自己啊！"部下有时聊天、赌博、游戏以至荒废公事，他就让人拿走酒器和赌具，全都投到江里；对小吏、军将则惩罚鞭打。他说："赌博只是放猪人戏玩罢了！老庄浮华不切实际，反对先王符合礼法的议论，是行不通的。君子应当端正衣冠，保持自己庄严的容貌举止，怎么能披头散发故意做作以博取声名，而自认为广博通达的做法呢！"

东晋当时承西晋之弊，官场与社会上都为玄学清谈影响，你当官做实事就说你俗气，你执行法令就说你苛刻。你一副慢悠悠的样子就说你气质高雅，你行为放荡就说你潇洒出尘。寒门出身的陶侃十分看不惯这些风气，所以在自己任上狠刹这些歪风邪气，讲究求真务实、认真办事。陶侃的务实之风来回吹了几遍，荆州地区果然少了许多浮华。年轻人们也开始努力学习与实心办事，从中涌现了很多精干的人才，为荆州地区的社会稳定与经济发展做出了不少贡献。

故事评析

历史上的清谈确乎是一种交流沟通的手段，也是一种抒发情怀、展现自我才华的方式，甚至可以说比不少世俗活动要显得高雅得多。但是对于国家、企业与大部分组织而言，只会清谈或沉溺于清谈就只会误事。孔融只知道高谈阔论而不修战备，结果在谈笑自若中丢了北海。陶侃则出身寒门，崇尚务实，坚决与浮华之风斗争。他作为地方官率身垂范，珍惜光阴，劝人努力，杜绝恶习，引领当地人走上了踏实肯干的成功道路。

艺名"李天下"

后唐开国之君李存勖，起于河东，立于魏州，破幽州，灭后梁，平前蜀。此时的李存勖，无论出身、能力、威望，都已是最适合结束五代乱世的那个人。可就在他准备一统山河的时候，老天爷把当年和前秦苻坚开过的玩笑又开了一次，使他直接从巅峰跌入了谷底。

公元926年，魏博镇士兵发生哗变，推裨将赵在礼为首，攻陷魏州，推倒了后唐覆灭的多米诺骨牌。此后，邢州、沧州等地军队也相继发生哗变，整个河北地区大乱。话说这李存勖十一岁就随父亲李克用勤王平叛，二十四岁接下父亲的三矢遗愿，身在军中三十年，威望极高，可为什么称帝才四年军队就发生如此严重的哗变呢？

原来啊，李存勖除了擅长军事之外，还有一个属性，那就是精通音律，喜好戏曲。他还不是普通的戏曲爱好者，他是在宫里搭台子并亲自登台表演的超级票友，并给自己取了个艺名"李天下"。

公元923年，他攻灭后梁，完成了父亲三矢遗愿，又看到各方势力纷纷上表恭贺或归附，"五代领域，无盛于此者"，这让他不由得膨胀起来。在不知不觉中，李存勖开始疏远朝政，终日沉迷于戏曲娱乐，并且非常宠信伶人。他曾在对梁作战中丢失过一个宠信的伶人，又在灭梁后失而复得，这个伶人想要报答自己身陷后梁时的两个保护人，李存勖就答应让他们都做刺史，大将郭崇韬听了，就劝李存勖说："和陛下一起夺取天下的都是英豪忠勇之士。今大功始就，这些人还没封赏，却先以伶人为刺史，恐失天下心。不可！"李存勖当时听了劝，但后面还是经不住伶人的一再念叨，封那两个人做了刺史。

郭崇韬乃是后唐宿将，早年在晋王李克用在世时就跟随作战，战功无数，李存勖灭梁后还赐他免死铁券。但他不光得罪了伶人，而且和宦官的关系也很差，后来郭崇韬随同魏王李继岌灭蜀，又因不迎接劳军宦官一事大大得罪了宦官势力，被宦官诬告有异志，李存勖就下令调查，而宦官则勾连刘皇后矫诏杀死了他。郭崇韬死后，为防后患，李存勖不仅下诏杀了郭崇韬的几个儿子，而且连他的女婿，身为李存勖五弟的李存乂也因宦官诬告被处死。

因为当时通信条件很落后，郭崇韬和关联人等又实在是无罪而死，因此此事发生后不仅朝堂和军中骇然，民间也传出各种谣言，以至人心大乱。前面所说的哗变就是在这种情况下发生的。

这时候李存勖再脱下戏服来号令军中，却发现已经没有人再愿意追随他了。更加让他想不到的是，他一手任命的亲军从马直指挥使郭从谦，虽是伶人出身，但却以武功立身，曾拜郭崇韬为叔父，拜李存乂为义父，与此二人感情很好，对二人之死耿耿于怀。及至河北乱起，郭从谦也发动了兵变，带本部兵马直接攻入了宫门，最后李存勖落得个"数十伶人困之，而身死国灭，为天下笑"的下场，黯然退出了历史舞台。

（参见《旧五代史·卷二十七·庄宗纪一》《新五代史·卷五·唐本纪第五》《新五代史·卷三十七·伶官传第二十五》）

故事评析

　　做人当然可以有些爱好来陶冶情操或调剂生活，但是就像张居正教训万历小皇帝时所言："君德之大，不在于技艺之间。虽殚精废神，直逼钟王（大书法家钟繇、王羲之），亦有何益？"什么通晓音律的汉元帝啊，写得一手好文章或绘得一手好绘画的梁元帝、陈后主、隋炀帝、宋徽宗等，没一个能靠这些兴趣爱好挽救天下。上天给每个人的时间和精力都是有限而公平的，某些方面牵扯多了，其他方面相应就会减少。而有的管理者不但沉溺于自己的某些兴趣爱好不能自拔，还以此来选拔人才放到重要岗位上，那就真是自寻死路了。例如汉灵帝设立鸿都门学固然是发展了文学艺术，但是授予擅长鸟虫篆书与八分书的高材生以高官职位就冲击了正常的吏治。本篇中的李存勖正是如此，他不但让个人爱好侵占了大量做正事的时间，还因为这个爱好做出了优先给予伶人之友高官厚禄这样的事情，结果冷了真正打天下的将士的心。可以说，如日中天的后唐政权正是被他亲手摧垮的。

一语君王见胸臆

唐太宗李世民的朝堂上人才济济，其中有些人才的发迹颇具传奇色彩，比如就有史官感叹马周得到李世民欣赏的经历堪比古时的傅说与姜尚。

马周，字宾王，清河郡茌平县人。马周只比李世民小两岁，但是他幼年就失去了父母，早年可说是一事无成。他家境贫寒但酷爱学习，尤其精通《诗经》和《左传》。大概因为腹有诗书且胸怀大志，他日常表现出来的是一种旷达豪迈的气质，所以当地人看不惯也看不懂他的一些行为，觉得这不是一个谨小慎微的良民。到了二十岁左右，马周被补授博州助教，可他每天都在饮酒，不把教学当回事。博州刺史为此多次批评他，马周也就扬长而去，在曹州、汴州之间游荡，又被一个县令侮辱，于是他在激愤之下西赴长安寻找机会。半路上，他暂住在新丰的旅店中，店主不怎么理睬马周，马周就叫人拿来一斗八升酒，一个人悠然自得地喝起来，店主等人深感惊异。等到了长安，马周寄住在中郎将常何家里。

公元 631 年，唐太宗令百官都要上书谈论朝政得失，常何是武官，不太会写策论，就请马周帮忙。马周大笔一挥，替常何撰写了有关二十多件事情的奏章，件件都合唐太宗心意。唐太宗拍案叫绝之际开始纳闷：这常何平时也不像是个饱学之士啊，这稿子他写得出来？于是找来常何询问，常何老老实实地说："我确实没有这个写作能力，这都是我家客人马周写的。他是个讲究忠孝的人。"唐太宗马上下令召见马

133

周，在马周尚未到达期间，求贤若渴的李世民连续派人催促了四次。待到马周来后，唐太宗和他谈论得很愉快，当即令他在门下省供职。次年授监察御史。至于常何则因举得其人得到三百匹帛的赏赐。

马周的人生从此进入上升期，他的多次上书都为李世民击节赞叹。其中一次上书中特别规劝唐太宗要重视州县官员的选任。马周鲜明地指出"临天下者，以人为本。欲令百姓安乐，唯在刺史、县令。县令既众，不能皆贤，若每州得良刺史，则合境苏息"，进而说"如今太重内官，而县令、刺史颇轻其选。京官不称职者始补外任，果敢能干者先充内官，其次再补边州。以德行才术擢者，十不能一"的现象必须改革。应当说，马周关于加强州、县官员选任的论述非常深刻，一针见血地指出了基层官员特别是地方长官在国家治理中的特殊性与重要性。唐太宗采纳了马周的建议，从此下令县令人选由五品以上京官举荐，刺史人选则由其亲自简择，从而提升了地方官员在官僚体制中的地位。到马周四十五岁时，他已经以中书令的身份代理吏部尚书了，他还兼任太子右庶子这样未来可期的职务。

可惜的是，马周在四十八岁的时候就去世了，唐太宗为之举哀，赠幽州都督，陪葬昭陵。

（参见《旧唐书·卷七十四·列传第二十四》《新唐书·卷九十八·列传第二十三》）

故事评析

唐太宗李世民是史上有名的帝范，成功帝王的标杆。"听断不惑，从善如流，千载可称，一人而已。"像马周这样在本乡本土不受待见的一介草民能够因为一次上书与一次交谈就被李世民看出宝贵价值，这其实与李世民长期以来人才先行的习惯颇有关系。李世民在青年时期就喜欢与人讨论问题提升思维层次。他还是秦王时就开了文学馆，集中了十八学士在闲暇的时候研讨各种问题，是以后来编《贞观政要》的资料非常丰富。他这个习惯甚至后来被尚书右丞刘洎批评说："皇上，你平时这样善持论，每与公卿言及古道，必诘难往复。说多了伤气，记多了伤心。您要为社稷自爱，不要因为性情所好伤害身体啊。"没想到李世民说那咋办呢，"非虑无以临下，非言无以述虑"（不考虑问题并把问题讲出来就没办法治国理政啊）。于是乎，李世民听朝之隙还要引见群官，降以温颜，访以今古。不但自己如此，还下令让岑文本同马周隔日前往东宫与太子谈论问题，让太子培养爱思考的好习惯。正因为常年如此，所以李世民才有"以天下之广，岂可独断一人之虑？朕方选天下之才，为天下之务，委任责成，各尽其用"和"夫人臣之对帝王，多顺旨而不逆，甘言以取容"等高人一等的见识，从而能够"拔人物则不私于党，负志业则咸尽其才"。（参见《旧唐书·卷三·本纪第三》）

知大体的"国宝臣"

　　在辽国兴宗朝时，有个被美誉为"国宝臣"的大臣萧孝穆。他是辽太祖皇后弟弟的第五代孙子，曾为辽国的兴盛立下不少功劳。公元1012年，他担任建雄军节度使时击走叛贼术烈；公元1029年，他以燕王任都统击败大延琳叛军，辽东得以全部平定，随后他从辽南京（今北京）留守改为辽东京（今辽阳）留守。他为政务宽简，招抚吸纳流民，使辖地民心安定。公元1037年他进封吴国王，拜北院枢密使，成为真正的重臣，从此对很多军国大事与人事任用有了决策权。在他提议下，辽兴宗开始登记天下户口以平均徭役，让治下的臣民感受到民族不公现象有所好转。当辽兴宗想要南征宋朝时，他又反对辽军南下，希望国家能利用和平时期变得更为富强。

　　担任北院枢密使期间，萧孝穆举荐选拔了很多忠直之士。他自己本人从来没有借助自己的外戚身份有什么骄纵行为，他婉拒太后的各种赏赐，妻子与家人经他教育和熏陶，都无骄人之色，而他自己与人交往始终如一，不搞势利眼的态度。他曾经对人说起他当枢密使的心得："枢密使只要选拔贤能出来任用，有什么事是做不成的？但如果不管事情大小都要亲自去完成，尤其是亲自完成那些琐碎的小事，那么很多真正的大事就要因此凝滞了。"在他之前，萧合卓因"久居近职，明习典故，善占对"而得到帝宠当了北院枢密使。萧孝穆看了萧合卓的作为，认为萧合卓不知大体，于是长叹道："不能移风易俗，只是偷安爵位，臣子之道难道是这样的吗？"所以十二年后等他自己做了枢密使，他一是敢举荐比自己强的人，二是提出重大政策的调整方案，三是敢反对皇帝欠考虑的计划。可说是做到了"知大体"。

（参见《辽史·卷八十七·列传第十七》）

故事评析

公元 1025 年，辽北院枢密使萧合卓在病逝前对前来探望的北府宰相萧朴说："我死之后，你必定是下一任枢密使，要小心举荐，不要举荐比自己强的人。"萧合卓的这种用人思路显然是属于私心作祟。与之相反，萧孝穆知道自己和国家的关系是一荣俱荣，一损俱损。他一方面举荐许多和他一样忠直的人进入官僚体系，另外一方面注意层级管理，定出枢密使抓大放小的办事原则，确保能把自己的主要精神从一些琐碎小事中抽出来投入到类似规划国家发展战略这样的大事上面。由此不愧为一位知大体的"国宝臣"。正是在这样的为政理念下，他带出来一大批的优秀人才，为辽走向强盛提供了足够的人力资源。

皇帝不如的气量

俗话说"宰相肚里能撑船"，是说一个称职的宰相就要有非比寻常的气量与格局。否则的话，就可能会排挤打击报复同僚，又不引荐优秀人才，从而做不好"帝国职业经理人"，从而导致组织机构的涣散。

北宋初期的大臣吕蒙正就是个气量非凡的宰相，以至于宋太宗感叹道："蒙正气量，我不如。"《宋史》中有关吕蒙正的事迹很多，按照当时的标准，再结合今天的心理分析，还真可以说明吕蒙正的气量非凡。

先说一件发生在他成长过程中的事，吕蒙正的父亲吕龟图有很多内宠女人，所以和吕蒙正的母亲刘氏关系不和睦。后来吕龟图休了刘氏，刘氏没有再嫁，年幼的吕蒙与刘氏母子在外吃了不少苦。可是等吕蒙正考中状元进入官场后，他第一想到的就是把父母接到一起由他供奉居住，只不过安排父母同堂异室罢了。

考中状元三年后，三十六岁的吕蒙正被宋太宗擢升为左谏议大夫、参知政事。这样的火箭提拔速度当然也会引起某些人的非议，有一次进入朝堂时，就有人指着他小声嘀咕说："这样的人也做参政了？"吕蒙正明明听到了，却装作没听见继续走，同列之人听到了替吕蒙正鸣不平，就质问对方姓名。吕蒙正拦住同列说算了："如果知道他叫什么，搞不好终身不能忘，不如不知道的好。"当时在场的人都觉得吕蒙正是个有气量的人。

正因为有着对儒家道义信仰般的坚守与饱读诗书而来的气量，所以吕蒙正为相后有诸多在后人看来十分贤明的行为。例如有人献给他号称可以光照二百里的古镜,吕蒙正笑着拒绝了:"我的脸才不过碟子大,安用照二百里哉?"再如在吕蒙正之前,有一个叫卢多逊的人为相,他的儿子初次进入官场就被授予从五品的官职,这也成为后来的惯例。等到吕蒙正为相,有关方面打算也安排吕蒙正的儿子直接做一个从五品官员。没想到吕蒙正上奏说:"当年我甲科及第,初次为官也只是授一个九品京官。何况天下有才能之士,由于种种原因,老于岩穴,不沾寸禄的人还有很多。我儿子才离开襁褓没多久,这么小就得到如此大的尊荣,我怕他会因此引来阴谴,所以我请求最多让他补我当初一样的官职就好了。"于是宋朝从吕蒙正这里开始,宰相的儿子荫封为官都只能是九品京官,这成为朝廷的一项定制。

公元 1008 年,宋真宗封禅泰山后经过洛阳,两次住在吕蒙正家。他问六十四岁的吕蒙正:"卿的诸子有谁可用?"这其实也是给吕蒙正一个推荐自己儿子的机会。没想到吕蒙正回答说:"诸子皆不足用。倒是有个侄儿吕夷简,他现在是颖州推官,我看他倒是有宰相之才。"宋真宗由此记住了吕夷简,二十年后,吕夷简果然入相。吕蒙正家有不少门客,其中有个叫富言的某次请示吕蒙正说:"我儿子已经十来岁了,我想让他进吕家书院,将来有机会就做个分管司法的廷评或者祭祀的太祝(九品官)也好。"吕蒙正表示同意,可等到接触了富言的儿子就惊呼道:"这孩子将来名位应该与我相似,而勋业恐怕还要超过我呢。"于是就让富言的儿子与自家子弟成为同学,学费、文具与日常物品都由吕家供应。这个孩子就是日后的大宋名相富弼,他是宋仁宗、英宗、神宗三朝重臣,与范仲淹推行过庆历新政,最后以司徒、韩国公致仕,并位列昭勋阁二十四功臣之一。

除了拒绝给儿子高官厚禄,吕蒙正还有一个在推荐人才方面十分难得的故事。有一次宋太宗要派人出使朔方,让中书选一个人选。吕蒙正提交了人选后,宋太宗否定了这个人选。后来有一天,宋太宗三次问人选的事，吕蒙正每次都回答同一人。宋太宗不太高兴地说："你为什么这么固执？"吕蒙正回答说："这不是臣固执，恐怕是陛下不能体谅我的想法呢。说到出使朔方这件事，此人是最佳人选，余人不及。臣不愿用媚道妄随人主意思，以害国事。"当时同列的人听到如此大胆的话都吓得悚息不敢动。不过宋太宗也不愧是明君，并没有发作，退朝后还对左右说："吕蒙正的气量，我不如啊。"最后还是采用了吕蒙正推荐的那个人选，果然称职。

就这样，对上遇礼而敢言，对下宽容有雅度的吕蒙正历仕两朝，三次登上相位，封许国公，过世时又被追赠中书令，谥文穆。

（参见《宋史·卷二百六十五·列传第二十四》）

故事评析

　　吕蒙正是由儒家教育培养出来的高级官僚典范，儒家一面强调伦理人情，可又十分讲究推贤进士为务，常说"内举不避亲，外举不避仇"。本篇故事中吕蒙正体现出来的气量正是这种儒家精神的正向体现。他做事的出发点往往是以国事为重而把私情放在后面，也就是把组织目标放在首位而把家庭成员的利益放在后面。还有就是把推贤进士作为高级官员的一项首要任务，因为到了他们这个层级很多事情都是委任僚属具体操作，自己主要负责总裁。还有就是为了组织的良性循环选好合适的接班人。可以说，吕蒙正在这些方面都取得了近乎满分的成绩。

元佑全人刘安世

司马光童年时听人讲《左传》就十分喜爱，回家可以清楚讲给家人听。成人以后他成为一名饱学的正直官员。宋神宗熙宁年间，司马光强烈反对王安石变法，上疏请求外任。公元 1071 年，五十三岁的他判西京御史台，自此居洛阳十五年，不问政事。在这段岁月里，司马光主持编撰了二百九十四卷近四百万字的编年体史书。神宗皇帝十分重视此书，将书的每编首尾都盖上了皇帝的睿思殿图章，还以其"鉴于往事，有资于治道"而钦赐书名《资治通鉴》，并亲为写序。由于司马光学高身正，当时有不少士人都成为他的追随者，其中有一位叫作刘安世。

刘安世比司马光小二十九岁，公元 1073 年，二十六岁的刘安世进士及第，但他没有去参加铨选，而是到洛阳随司马光学习了两年，咨询尽心行己的要旨，然后才入仕。当时司马光教导他为学之道本于志诚，志诚之目从不妄语始。

公元 1086 年，司马光复出，入朝为相，推荐刘安世为秘书省正字。同年，司马光去世，宣仁太后向吕公著垂问可以任台谏的人，吕公著以刘安世应对，刘遂被提升为右正言，进入了司马光生前十分重视的谏官行列。在这个岗位上他多次直言强谏不怕得罪权贵，一度被视为"殿上虎"。他家居时未尝显露有惰怠的样子，久坐身子也不会歪斜，写字从来不写龙飞凤舞的草书，不追求声色货利。尤其是他的忠孝正直俨然是司马光的翻版。

后来平素自称苏轼之子的奸臣梁师成当权，他想与刘安世交好，就派小吏吴默拿着书信去见刘安世说可以重用他，劝他也该为子孙考虑一下将来。刘安世笑谢道："我如果早为子孙打算的话，也不至于现在这个样子。我只是想做一个元祐全人（他是元祐党人从官第二名，仅次于苏轼），死后去见司马光大人而不惭愧。"然后把书信原封退还。

刘安世后来被宋孝宗下诏赐谥号为"忠定"，史书称其"德性淳正，学术通明"。

（参见《宋史·卷三百三十六·列传第九十五》《宋史·卷三百四十五·列传第一百四》）

故事评析

　　司马光是个说到做到的人物，他把春秋大义贯穿了自己的一生，凭借自身的德行学问成为很多年轻人追随的偶像。本篇中的刘安世早年放弃马上做官的机会追随司马光求学问道成就了一段佳话。刘安世后来的人生秉承着拨乱反正的为政为人精神，遭遇再多的政治打击或者诱惑都和他的偶像一样决不放弃自己坚守的理念。可以说司马光这样的核心与领军人物，以自身的风骨与才能吸引着年轻的一代，造就了一种气象、一种特色、一类人才群。

第六编　重用人才贵信任

勿忘息壤

公元前 306 年，秦武王派甘茂去魏国定约共同攻打韩国，同时让向寿当他的助手。甘茂到了魏国后，就命令向寿回国，并让他告诉秦王：魏王听从了臣下的安排，不过魏王希望秦王不要进攻韩国！

甘茂回秦时，秦王在息壤迎接甘茂，第一时间就询问甘茂不攻打韩国的原因。甘茂回答说："韩国的宜阳是个大县，其实应当属郡一级。现在大王您下令面对多重险隘，不远千里，发兵进攻，是很困难的。"他接着举例说："鲁国有个与曾参同姓名的人杀了人，有人告诉曾参的母亲，他的母亲仍旧织布，泰然自若。等到先后来了三个人告诉她同样的事情，曾参母亲就扔下机杼跳墙逃走了。我的贤良不如曾参，大王您对我的信任又不如曾参的母亲，猜疑我的人更不止三个人，所以我怕大王您将来也会有扔下机杼的举动。另外还有一个例子。当年魏文侯任命乐羊为大将进攻中山国，三年才攻下来。回来论功行赏，魏文侯向乐羊出示别人的指控书，多达一筐。乐羊一再叩头行礼说：'这不是我的功劳，实在要归功于您信任我啊！'现在我甘茂本是个寄居秦国的外邦人，在这里也没有什么根基，樗里子、公孙奭等大臣要是抓住攻打韩国的事情来攻击我，大王一定会听信他们。到那时候，攻打宜阳就前功尽弃了，最终结果就是大王您背弃与魏王的约定，而我则遭受韩国国相公仲侈的怨恨。"

秦王说："放心，我不会听他们的，可以和你起誓！"于是两人在息壤立下誓言。然后武王就派甘茂率军前去攻打宜阳。甘茂军进攻宜阳不是非常顺利，足足五个月还没有攻克宜阳城。樗里子、公孙奭果然争相指责他。秦王一听这几位大臣说的也很道理，便派人去召甘茂，想让他罢兵回国。甘茂只回了一句话："息壤还在原来的地方吗？"秦王答道："有之。"于是大举发兵去协助甘茂，结果斩首韩军六万人，攻陷了宜阳，迫使韩王只得派公仲侈前来谢罪求和。

（参见《史记·卷七十一·樗里子甘茂列传》）

故事评析

　　这个故事重在说明，任用人才必须有信任这个基础，否则就难以成大事，但是由于社会的复杂性，做到用人不疑并不容易，需要领导者有足够的社会洞察力和战略定力。实际上，一个领导、一个单位值不值得信任，也是影响人才聚集的重要方面。商鞅变法时，为了让人们信任他的变法决心，在国都南门最热闹的地方导演了"徙木立信"的故事。司马光评价说：信任是领导者至高无上的法宝。如果上不信下，下不信上，上下离心，必定一败涂地。

　　司马迁在《报任安书》中认为应"网罗天下放失旧闻，考之行事，稽其成败兴坏之理"。历史已经将兴衰成败、朝代兴替的原因都展现在我们面前，在新时代，信任仍然是选人用人之基，引才聚才之要，更是发挥人才积极主动性的重要方面。这就启示我们，应当积极对照2022年中央人才工作会议建立"以信任为基础的人才使用机制"的要求，做好人才工作。

谁能知乐毅

如果一个国家或社会没有阶层固化，那么存在于这个时空的优秀人才就会自然流动，去寻找那最适合他们施展才能的平台。在这个过程中，薪酬福利、工作和生活平衡固然不容忽视，但领导者对人才的信任始终是保留人才并使其发挥作用的最有效手段之一。正所谓"合则留，不合则去"，项羽的第一智囊范增在遭受猜疑之后就选择了离开，尽管项羽从未削减给他的待遇或是不再称呼他为"亚父"。而刘邦信任韩信，由他独当一面带领军团东进北上，则开辟了广阔的第二战场，促使汉方赢得了楚汉相争压倒性的战略优势。成功的领导往往一旦看准了人才，就愿意予以充分的信任，用足诚意，提供尽可能多的资源让人才放手开干。历史上的领袖人物在这一点上做到了极致就是输肝剖胆、解衣推食，从而创造出一些彪炳史册的奇迹。

话说战国时期，七雄纷争，最为强势的齐王与秦王曾一度号称东帝和西帝。齐国是传统强国，它背靠大海，经济宽裕，土地广阔，人口众多，首都临淄的人"举袂成幕，挥汗成雨"，其综合国力可支撑起随时组织装备大规模兵团。齐湣王即位之后，在孟尝君辅佐下破楚伐秦吞宋攻燕，一时间威震天下。相对于齐国这样的庞然大物，地处偏远的燕国国小民贫，若是与齐国对抗几乎是毫无胜算。事实上，齐国确实也在公元前314年利用燕国内乱攻入燕国，杀死了燕王哙并掠走大量宝物。

遭受如此奇耻大辱，继任的燕昭王当然企图报复齐国，一方面他与百姓同甘共苦，做好休养生息的国力恢复工作；另一方面他听从郭隗千金买马骨的建议，筑了黄金台面向全天下招揽顶尖人才。当诸多人才聚集燕国后，燕昭王在他们中间发现了乐毅这匹"千里马"。两人经过一番推心置腹的交谈，燕昭王认可了乐毅的计划，认为要对付像齐国这样拥有"霸国之余业"的大家伙单靠弱小的燕国肯定不行，一定要联合其他国家的力量才能办到。于是，在燕王全权授予下，乐毅游说赵、魏、韩、楚、秦五国成功结成军事联盟。燕昭王任命乐毅为上将军，赵惠文王也把相国印授给乐毅。

公元前284年，也就是燕国国破三十年后，乐毅率领六国联军对齐发动灭国总攻，齐军大败，乐毅率领燕军一直追进齐国都城临淄。燕军借这次大胜把齐国当年抢去的燕国宝物以及齐国自身的许多财宝祭器都运回了燕国，而齐国汶水两岸竹林则移植了来自燕都的蓟草。燕昭王大仇得报，十分喜悦，亲自到前线劳军，加封乐毅为昌国君，同意他继续攻打齐国尚未投降的城市。乐毅遂率领燕军在半年内占领了齐国七十多座城池，就剩下莒与即墨两座孤城没有拿下。不久，即墨大夫战死，逃难到即墨的临淄市场管理人员（市掾）田单被即墨人推举为城守。这位田单极具军事才能，以孤城与燕军交战五年而不败，最后燕军只得改攻为围。

此时燕昭王去世，与田单有隙的燕惠王登基。田单遂施展了反间计，让燕惠王以为乐毅是打算当齐王，所以故意留下两座孤城迟迟拿不下来。于是燕惠王一面派出骑劫去替代乐毅，一面要求乐毅立即返回燕国。乐毅见势不妙，就出走去了赵国。乐毅离开不久，田单就利用诈降发动了著名的火牛阵突袭，杀死骑劫，大败燕军并一路追杀下去，所过齐地城邑皆叛燕归附田单，很快，七十余城全部光复，齐国复国，燕国则被打回原形。

燕惠王这时候开始担心起已被赵国封为望诸君的乐毅来，害怕熟悉燕国军政的他会乘着燕国战败领着赵军前来落井下石。于是他先托人给乐毅带去一封书信，解释说自己是刚即位，才被左右所误。而先王（燕昭王）那么信任你乐毅，把全国军队交给你去建立破齐大功。如今你却捐燕归赵，你乐毅对得起先王吗？看了这信，乐毅就写了个回信，巧妙地回复了燕王信中的责问。在信中乐毅详细回顾了先王燕昭王的远见卓识、宽广胸襟与近乎奇迹般的功业。至于现在的燕惠王是什么样子却是不涉一语，尽显古之君子"交绝不出恶声"的气度。燕惠王看了回信，感动之余也对自己的用人失策有所反省，找来乐毅没来得及带走的儿子乐閒让他继续做昌国君。从此，燕、赵两国通过乐毅这位客卿保持了若干年的相安无事。

（参见《史记·卷八十·乐毅列传》）

故事评析

　　马斯洛需求层次理论强调说人在满足温饱后最为需要的是尊重与自我实现的高层次需求。既然是人才，显然不会是长期挣扎在贫困线上的人，那么真正能够点燃他心中事业之火的也就是信任这个导火索了。秦王嬴政把六十万秦军交给老将军王翦带去灭楚，前秦苻坚遇到王猛后一年之内给他升职五次让其迅速进入高层决策面，这些彰显重大信任的举措都让人才感到备受尊崇，并看到了自我实现的极大可能性。故事中的燕昭王正是如此对待乐毅，才实现了一个奇迹般的胜利——弱小的燕国居然差点把强大齐国吞并了。而他的儿子燕惠王却由于听信谣言迫使乐毅出逃，把大好局面毁于一旦。两代燕王对人才信任的"不同量"导致了截然相反的局面。同样的例子还有乐毅在回燕惠王信中提到的伍子胥与一对父子吴王：父亲吴王阖闾充分信任伍子胥，五战杀入楚国国都郢；儿子吴王夫差先是不听伍子胥彻底消灭越国的建议，继而又相信伍子胥打算投奔齐国的谣言，结果被卧薪尝胆的越王勾践逼到自杀。先贤孟子提倡"君视臣如手足，则臣视君如心腹"，著名的刺客豫让也宣称"士为知己者死"，别人以"国士遇我，我故国士报之"。所以在使用人才时，一旦通过一番考察判定是一流顶尖人才的话，就一定要给予足够的信任与尊崇。否则的话，像韩信这样的人才你即便给他一个后勤肥缺治粟都尉，他也是要走人的。而如果在竞争时期，这往往会导致人才流失到竞争对手那一边去，那就更是自掘坟墓了。

士为知己者死

古今中外，不乏为理想信仰、事业目标、亲密爱人甘愿献出生命之人。如红军第 34 师师长陈树湘在湘江战役中被俘，为了保守党和军队的秘密，他趁敌不备从伤口处掏出肠子用力绞断，壮烈牺牲。安史之乱中，张巡在内无粮草外无援兵的情况下死守睢阳六十多天，前后与叛军交战四百余次，最终不屈遇害，成为中国历史上著名的忠勇之士。

在正史中，特别强调一种用人者与人才之间水乳交融、生死与共的理想状态，在这种正向循环里，双方剖肝沥胆，并且为此不惜付出生命的代价。在《史记》中就有这样一个"士为知己者死"的传奇故事。

故事的背景是开启战国时代的三家分晋。从公元前 633 年晋文公设三军六卿起，晋国的六卿逐渐把握晋国的军政大权，此后近二百年就是六卿相互竞争和倾轧的一场淘汰赛。范氏、中行氏相继灭亡，公元前 453 年，赵氏又联合韩、魏灭掉了智氏，从此晋国公室名存实亡。公元前 403 年，周威烈王封赵、魏、韩三家为诸侯。

故事的主人公就是智氏首领智伯被杀后出现的一位刺客——豫让。智伯被杀后，赵襄子由于过于痛恨此人就把他的头颅涂漆做成了饮器。本来逃入山中的豫让听说此事，就说："士为知己者死，女为悦己者容。智伯知我，我一定要给他报仇，这样我的魂魄见到他时才不会羞愧。"于是豫让改变姓名混在刑徒之中，打算借着给赵襄子宫中厕所涂墙的机会刺杀他。这一天，赵襄子去如厕，突然心动，似乎感觉到一股杀气，于是下令逮捕涂厕的刑徒，结果发现豫让身怀匕首。豫让并不害怕，反而声称："我要替智伯报仇。"赵襄子左右听到如此放肆的言语打算立即杀死他，赵襄子阻止他们，感叹道："这也算是个义人，还是我避开他好了。毕竟智伯家族被我灭门，没留下后代，他的家臣要为他复仇也不是没有道理，这是天下贤人啊。"于是释放了豫让。

豫让知道赵襄子认识了自己又有了防备，于是他漆了自己的皮肤，又吞下火炭搞坏自己的嗓子，然后沿街乞讨。此时的豫让面目全非，声音也变了，就连曾经与他朝夕与共的妻子见到也没认出他。可有一次，他的一位好友居然认出了他，惊愕之余发出疑问："你莫非是豫让吗?!"豫让嘶哑着声音道："确实是我啊。"朋友见他如此情状不禁哭了起来，说道："你啊你，就凭你的才华，你去投靠赵襄子不就好了，他一定会录用你。然后你再在他身边找个机会下手岂不容易。为什么要搞成这个样子，这不是更难得手了吗?"豫让说："世间没有投靠人家却心怀鬼胎要人命的道理。我选择这种更加困难的刺杀手段，就是要让天下后世那些怀有二心的所谓人才感到羞愧。要不是因为有这种人，智伯家族也不会覆灭了。"

蛰伏了一段时间，豫让摸清了赵襄子的日常出行轨迹，于是预先潜伏在赵襄子经常出行的桥下。赵襄子人马经过时，突然马惊，赵襄子看到这情况道："这一定是豫让在附近。"一搜查还真是他。赵襄子一看又是豫让就责备他说："你过去也做过范氏、中行氏的家臣，智伯把他们都给灭了，我也没见你为他们报仇，而且还顺势做了智伯的家臣。如今智伯都死了快一年了，你还这样非杀我不可，我们之间真有什么深仇大恨吗?"豫让回答："事情可不是这么说，当年范氏、中行氏对我就像普通人一样，那我就像普通人一样回报他们；而智伯是以国士的标准看待我，那我就该像一名国士一样来报答他啊。"听豫让这么一说，赵襄子喟然叹息，流下感动的泪水道："哎呀，豫子! 你这为智伯报仇的名声已经有了，我放过你一次也算够了。这次你自己看着办吧，我不能再放走你了。"卫兵上前围住豫让。豫让扬声道："我听说明主不掩盖他人的美名，而忠臣要为自己的美名甘愿奉献生命。您上次宽恕了我已经得到天下人的赞美。今天这种情况我确实该死，我临死前只有一个心愿：请您把外套脱给我。我对您的外套刺上一剑表达我替智伯报仇的意思，那我死而无恨。不敢指望您一定会同意，敢布腹心！"赵襄子长叹一声，脱下外套命人交给豫让。豫让拔剑跃起连刺数剑后自刎伏地，颈血流出污染了赵襄子的外套。

消息传开，赵国内外都被他的事迹感动，许多人为之流泪。后世有诗云："豫让酬恩岁已深，高名不朽到如今。年年桥上行人过，谁有当时国士心？"《邢台县志》记载当地有"豫让桥"，并为豫让建祠，四时祭祀。

（参见《史记·卷八十六·刺客列传》）

故事评析

　　传奇故事宣扬的虽然是少见的人伦高标准，但是豫让的精神却从不过时，这也提醒用人单位与管理者可以把自己的人才建设做得更加完美。关于用人关系中的相互作用，孟子阐述为："君之视臣如手足，则臣视君如腹心；君之视臣如犬马，则臣视君如国人；君之视臣如土芥，则臣视君如寇仇。"所以仅仅是表面的上下级关系还不足以最大限度发挥人才的作用，也不足以赢得下级真正的尊敬与奉献。上级除了物质奖励与分享，可能还要发挥类似兄长或朋友知己的功能。做到极致就是暖心工程的高阶，下属员工会觉得只有本单位才是最适合自己个性发展的地方，只有在本单位才会得到充分的尊重与信用，只有在本单位才能得到心灵的慰藉与思想上的共鸣。

贪心的老将军

　　"起翦颇牧，用军最精。宣威沙漠，驰誉丹青。"这说的是战国四大名将，他们代表着战国时期实战的最高水平。赵国两位是廉颇与李牧，秦国两位是白起与王翦。说起他们四人的最后命运，前三位都在立下汗马功劳后失去上面的信任，结果是白起被逼自杀，李牧被捕杀，廉颇出奔他国。而老将王翦却采用了一个另类的方法获得了秦王嬴政的充分信任，得以完成灭楚的赫赫战功。

　　时至公元前226年，秦王嬴政统一天下的大业已经进行到"灭三晋（韩、赵、魏），走燕王，而数破荆（楚）师"的阶段。关东六国就剩下早已麻痹的东方大国齐国和南方大国楚国。秦王召集群臣商议，确定下一个目标就是楚国。当时秦军青年将领李信刚带兵数千人长驱直入燕国，最后擒获燕太子丹，颇为目空一切。他回答秦王只要给他二十万人就足够灭亡楚国。秦王又问老将王翦需要多少人，王翦认为要拿下楚国这样的庞然大物非六十万人不可。秦王听完两位将领的回答，盘算一番说："王将军是上了年纪了，何怯也！李将军果然壮勇，说得好。"于是派李信与蒙恬二人领兵二十万南下伐楚，王翦看到自己不被信用，便称病归老频阳。

　　李信攻楚，一开始锐气十足，接连大败楚军。但是楚军也很快完成了各路兵马的集结开始反攻，"三日三夜不顿舍，大破李信军，入两壁，杀七都尉"，秦军大败而走。消息传回国内，秦王嬴政大怒，亲自赶到频阳见王翦。见面就说："寡人因为没听您老的计划，现在李信果然让秦军蒙羞。现在楚军反而向西推进了，将军虽然病了，但是忍心放弃寡人吗？"王翦还不答应："我已经都病糊涂了，大王还是另选贤将吧。"秦王立即说："就是您了，将军别再说了。"王翦得到秦王如此肯定于是说："大王必不得已用臣，非六十万人不可。"秦王说："就按你说的办。"于是秦国全国总动员，凑齐了六十万大军交给王翦统帅，秦王亲自把王翦送到灞上。在告别时分，王翦请秦王赏赐很多良田、宅院、池苑等。秦王奇怪道："将军出兵就是，你还担心受穷吗？"王翦认真地说："为大王将，有功也不能封侯拥有世袭土地，我就趁现在及时跟您多要点，好留给子孙啊。"秦王听了这么实在的话不禁哈哈大笑，爽快地一一答应。王翦率领大军抵达函谷关，又多次派人请求秦王赏赐田地。手下有个别人看不下去，于是好心提醒王翦将军："您这要的也太多了吧。"王翦解释道："你们可别误会我是贪得无厌。我们这位秦王不会轻易相信人，如今他把整个秦国的甲士都交给了我，如果我不多请田宅为子孙业，那不是让秦王坐在宫里怀疑我吗？"手下听完表示佩服，老将军真是不但作战精明，而且人情练达啊。

王翦带领六十万大军到达前线后，先是坚壁不肯出战，任由楚军挑战。王翦每天只是休养士兵改善伙食。过了好一阵子，王翦问军营里的人都在干什么？手下回答："已经在投石超距做游戏了。"于是王翦说："士卒可用了。"此时楚军见多次挑战而秦军不应战，就拔师东走，王翦立即带领秦军追击，一举击败了楚军，并杀死楚国大将项燕，随后乘势大肆攻略楚地。仅仅一年多时间，楚王被擒，整个楚国被纳入秦国版图。公元前221年，在王翦、王贲父子等的襄助下，秦王嬴政席卷天下，成为中国历史上第一位大一统的皇帝。

（参见《史记·卷七十三·白起王翦列传》）

历史重演

汉十二年秋，黥布反，上（刘邦）自将击之，数使使问相国（萧何）何为。相国为上在军，乃拊循勉力百姓，悉以所有佐军，如陈豨时。客有说相国曰："君灭族不久矣。夫君位为相国，功第一，可复加哉？然君初入关中，得百姓心，十余年矣，皆附君，常复孳孳得民和。上所为数问君者，畏君倾动关中。今君胡不多买田地，贱贳贷以自汙？上心乃安。"于是相国从其计，上乃大说。（参见《史记·卷五十三·萧相国世家》）

故事评析

通常认为上级领导发现了人才就应该予以充分的信任加以重用。但是信任其实是一件相互的事情，现实中的人才也不能是完全被动地等待上级的充分信任，而自身不用为上级的信任做任何促进与加固。王翦的做法虽然听起来另类，但也是下属为了赢得上级信任采取的一种有效方法。在当时的历史政治条件下，王翦表露出一种对于田宅的无耻贪婪，确实可以让秦王安心相信王翦会实心办事而绝不会背叛他。这种与萧何类似的"自污"行为，在传统封建时代是一种表达自己没有野心的温顺姿态，让君主可以相信文武大臣，从而安心使用。放到今天，这个故事的精神内核则可视为是一种下属对于相互信任关系的努力经营。

信用楚臣定大计

　　秦末刘邦与项羽两大集团的搏杀鏖战，在很大程度上也是一场人才的识别与争夺大战。刘邦集团在有战国养士之风的领袖带领下，发掘了各式各样的人才，除了萧何、张良与韩信这样的兴汉三杰，还有曹参、灌婴、英布、彭越等一众精英。这其中还有一位富有谋略的陈平，他的大力辅佐是刘邦击败项羽的重要原因之一。

　　陈平本属于项羽集团，跟随项羽破秦封爵。公元前206年刘邦反攻三秦开启楚汉战争，项羽一方的殷王司马卬很快叛楚，于是项羽又封陈平为信武君，带人去平定司马卬的叛变。平叛工作顺利，司马卬很快又降了楚，为此项羽封陈平为都尉，赐金二十镒。可没过多久，汉军攻了过来，司马卬又投降了刘邦。消息报告到项羽这里，项羽大怒，说要把当初逼降司马卬的楚军将吏都杀了。陈平听到这口风，知道西楚霸王的坏脾气，赶紧带着一把剑就跑到刘邦这边来了。

　　陈平在正史中的形象是一个善于察言观色、深谙人性的人物。他从项羽军营潜逃时还有个小插曲，他当时身无分文，只携带一把长剑上了渡船。他很快发觉船夫神色诡异，有要谋财害命的迹象，于是主动要求参与撑船。他脱光衣服拿起棹竿故意显示给船夫看：其实自己根本不是什么腰缠重金的贵公子，身上只有一把佩剑而已。于是他没吃船家的"板刀面"或"馄饨"，顺利渡河。

　　到了汉营后，陈平联络当年在魏国的老领导魏无知，很快见到了刘邦，当时一同觐见的还有七人。刘邦请他们一块吃饭，吃差不多了就一挥手说："那你们就回房休息去吧。"这时候陈平却独自起身说："我是有重要事情找您汇报而来的，我必须今晚就和您谈一谈。"刘邦信了他，于是让其他六人离开，独留下陈平谈话。两人沟通顺畅、交流愉快，刘邦当晚就拜陈平为都尉，可以监察全军。这消息第二天一宣布，军营里炸了锅，尤其是当初从丰沛一路跟着刘邦的老兄弟们都很不满。他们找到刘邦说："您昨晚才认识这么个楚军降卒，都还不知道他的底细就让他同坐一辆车，还让他监督资格比他老的将领们！"刘邦听了这些不以为意，反而更加信任陈平。或许前一晚陈平就已经预料了诸将的反应，也向刘邦说明了建立监察机制的必要性。联想到刘邦曾经遭遇雍齿的背叛，接受这样的建议也就很自然了吧。毕竟，在那个礼崩乐坏的群雄争霸年代，人的忠诚度经受着各种严酷的考验，君王对于一些派遣出去的将领既要他们奋力作战，也要有一定的监督和制衡措施。实际上，就在刘邦封王之前，赵王武臣与燕王韩广都是这样被上级派出去，最终却自立门户的人。

又过了一阵子，老兄弟中的周勃与灌婴还是不服气，又找机会对刘邦说："陈平就是外表英俊，其实未必肚子里有货。我们听说他在家乡时曾经和嫂子私通，后来在魏国干不下去就跑到了楚国，又在楚国干不下去才来我们汉国。如今您让他做护军，他利用职务之便接受将领们给他的金子，给金子多的就安排好的位置，给金子少的就安排差的位置。像这样的反覆乱臣，您可要当心啊！"听了这些，刘邦也不免疑心，先把魏无知叫来问话。魏无知回答："我推荐的实用人才，您却质问我他的品行。如今就算真有尾生、孝己这样孝顺讲信用的人，可却影响不了战局，难道大王您还有闲暇用这种人吗？如今楚汉进入拉锯战阶段，我只管推荐怀有奇谋的人，只看他们能否发挥有利于国家兴亡的作用。至于那些私通受贿之事又和军国大事有什么必然关系呢？"刘邦又把陈平找来问话："先生过去魏国和楚国都待不下去，现在又来我这，真要是讲信义的人会这样多心而不安稳吗？"陈平回答：

"我在魏国时，魏王不能采用我的谋划，所以我离开他去了项羽那。项羽这个人不信任部下，基本只信任项氏家族与他自己妻子的兄弟们，就算有奇谋之士他也不能重用，所以我离开他来投奔您。我来是因为听说大王善于用人，我是孤身空手前来，所以接受了一些将领的资助。您要是觉得我提出的计划具有可行性，希望您决定推行；如果您觉得都是无用废话，那么金子都还在，我可以辞职回家。"刘邦是个喜欢骂人但又讲理的人，只要你面对他的质问或辱骂还能理直气壮，他就能立马对你改变态度。结果刘邦赶紧向陈平道歉，送上丰厚的安家费，再明确他的职务就是护军中尉，负责全军所有将领的选拔与监督工作。这下再也没有人敢去刘邦那里打陈平的小报告了。

此后，随着战局发展，刘邦被项羽围困在荥阳。刘邦提出和谈，遭到项羽断然拒绝，他就问陈平怎么办。陈平就替刘邦分析他与项羽的领导作风与优劣，指出项羽集团的缺陷所在。建议刘邦一面改进对人态度，另一面拿出重金离间项羽方面的君臣关系。刘邦一听有理，就拿出黄金四万斤交给陈平负责，并且不过问他怎么具体使用。陈平拿到雄厚资金，立即展开策反与行间工作，在楚军中散布楚军将领钟离眜想封王却得不到满足，因此想投汉灭楚求封王的谣言，又制造项羽的第一谋士范增与刘邦集团私通的假象。项羽一一中计，加强了对钟离眜等将军的防范，又疏远范增，不听他急攻荥阳城的建议，直至把范增气死。

随着项羽集团内部的分崩离析，项羽集团逐渐丧失了战略把控，刘邦集团终于把握机会消灭了不可一世的西楚霸王，取得了最终的胜利。在这一过程中，陈平功不可没。

（参见《史记·卷五十六·陈丞相世家》）

故事评析

　　陈平是一个来自项羽集团的人，而且当时刘邦集团并没有占据明显的优势。在这种情况下，刘邦通过交谈与观察很快任命陈平为都尉，帮助他选拔本集团的武将并实施监控。这是对于特殊人才的一种充分信任。刘邦在认识到陈平巨大价值并重用他的过程中不是完全没有怀疑，但是在听取了魏无知与陈平的解释后，刘邦显然看到了陈平的特殊价值，因此反而更加信任和重用其人。陈平显然是实用主义者，而选择刘邦作为自己的领导更是证明了他的认知水平与眼光独到。

"大树将军"的大树

公元 60 年，为表彰汉光武帝时功臣，汉明帝命人绘二十八功臣像，挂于南宫云台，其中冯异名列第七。

冯异是颍川父城人，好读书，通《左传》和《孙子兵法》。新朝末年天下大乱的时候，冯异以颍川郡郡掾一职监护五县，与父城县长苗萌一起，据城抵抗汉军。公元 23 年，刘玄建立更始政权。刘秀率军由南阳攻取颍川，进攻父城，未能攻克，便屯兵于巾车乡。冯异外出巡视属县，被汉军捕获。此时，他的堂兄冯孝及同郡人丁綝、吕晏都在刘秀军中，他们共同向刘秀保荐冯异。冯异当即表示："现在光我一个人投靠影响不了强弱。何况我老母现在城中。如能释放我回城，愿将所监五城献上效功报德。"刘秀相信冯异为人与所言，就放了他。冯异回到父城后，劝说苗萌一同投顺刘秀。不久，与刘秀同在更始政权效力的刘秀兄长刘縯遇害，刘秀回还宛城避祸。前后攻击父城的更始诸将有十几拨，而冯异始终坚守父城，拒不投降更始政权。后来，刘秀任司隶校尉，再度经过父城。冯异立即开门奉献牛酒迎接，被任命为主簿，随同刘秀到达洛阳。其后随征河北，屡立战功，拜偏将军，封应侯。

冯异为人谦让低调，路上遇到其他将领，总是把自己的车引到一旁给对方让道。当时，那些跟随刘秀的开国将领们经常在征战间隙聚在一起聊天，主要话题无非是自述战功，胡吹乱侃自己如何英雄了得。每当众将争功论能之时，冯异总是一个人默默地坐到树下。久而久之，军中便给他起了个"大树将军"的雅号。刘秀在攻破邯郸后，队伍进一步扩充，在重新划分编制时，军士们都说想去大树将军麾下。刘秀看到这种情况更加欣赏冯异为人。于是安排他镇守孟津、平定关中，拜为征西大将军。

但后来就有人上奏章说冯异在关中独断专行，杀了长安令，威望权力至重，得关中百姓归心，称他为"咸阳王"。刘秀派人把这些奏章送给冯异观看。冯异惶恐害怕，上书谢罪说："臣本来是个儒生，在战乱中获得受命的机会，充备于行伍之间，蒙受特别的恩遇，被拜为大将，封爵为通侯，受任为方面军统帅，建立了一点微薄的功劳，这一切都是从国家利益着想。我俯伏自思：以诏命征讨，常获得如意结果；我有时以私心来决断，未尝不有所悔。皇上独见的明智，久而更加远大，就知道'性与天道，是不可得而闻的了'。当兵革开始兴起，扰攘混乱的时候，豪杰群起竞逐，迷惑的人很多。我的遭遇是得以托身圣明，在以前那样危险混乱的形势下，我尚且不敢有过失差错，何况现在天下平定，上尊下卑，而我在受爵恩宠的情况下，还能做出高危不可测的事情吗？我是诚心希望谨慎勤勉，以做到始终如一。看了圣上转示给我的奏章，战栗怖惧。我想明主是知道我的愚性，所以才敢于自陈心迹。"刘秀以诏书回答说："将军之于国家，义为君臣，恩如父子。何嫌何疑，而感到害怕呢？"公元30年，冯异到京师朝见。刘秀把他拉到公卿们面前说："这是当年随我一块起兵的主簿。为我披荆棘，平定关中。"随后赏赐冯异珍宝、衣服、钱帛等物。留十余日又是吃饭回忆革命友谊，又是商量图蜀大计，最后让冯异的妻儿随他一同西归表示充分信任。其后四年，冯异继续为东汉政权征战，最后病死在前线。

（参见《后汉书·卷十七·冯岑贾列传》）

故事评析

　　有人谋反或企图割据，这是古代君王最不放心的事，因而也是最容易轻信别人诬告的事，尤其在一个政权刚建立没多久的时候。汉光武帝刘秀通过自己对冯异的长期观察而熟悉其为人，所以当遇到有人攻讦举报冯异时，他就充当了为冯异遮蔽这些流言的大树。通过诏书的形式，还有在公卿们面前赞扬的方式表达了自己对冯异这名旧部重臣的十足信任。"大树将军"发现自己能够紧靠汉光武帝这棵大树后，此后的工作就没了后顾之忧，从而能全心全意地去独当一面。尼克松在《领袖们》中说："在很大程度上，领袖办事必然是靠符号、形象，以及成为历史动力的能启发觉悟的思想。人们可以被道理说服，但要用感情来感化，他必须既能说服他们，又能感动他们。经理考虑的是今天和明天，领袖必须考虑后天。"刘秀对冯异显然是做到了这一点。

君臣配合"一出好戏"

北魏政权末期出了两个强势人物，高欢与宇文泰。他们瓜分北魏为东魏和西魏，高欢做了北齐的奠基人，宇文泰做了北周的奠基人。他们与南朝政权时而对立，时而结盟，各国关系错综复杂，宛如进入了一个新战国时代，因此，为了争取战争与政治上的优势，都十分重视人才的选拔与任用。

崔暹出自以文业著称的博陵崔氏家族，早先依附的是渤海高乾，他的妹妹嫁给了高乾的弟弟高慎，他由此步入官场。高乾与高欢共同起兵反对尔朱氏时，崔暹也跟着进入高欢集团。当时，高欢的弟弟赵郡公高琛把崔暹征召为幕僚，后来崔暹跟随高琛前往晋阳时遇到高欢，高欢和他谈话后很是欣赏，当即任命他兼丞相长史。次年高欢准备带兵攻入洛阳，就把崔暹留下来辅佐高琛，还握着他的手说："大丈夫相知，岂在结识新旧与时间长短。前方军事固然重大，但留守责任也不轻。我弟弟年轻，办事不娴熟，后方工作就统统托付给你了。"

崔暹后来跟随高欢的姐夫尉景去了并州，担任他的别驾。等高欢的长子高澄继任并州刺史，还是用崔暹为别驾并且更加信任他。等到公元536年，十六岁的高澄回到邺都作为左右京畿大都督辅政，他把崔暹也带到了邺都并委以重任。高澄兼任吏部尚书后，改革北魏从崔亮以来的论资排辈选拔官员的做法。这时候崔暹作为吏部郎领定州大中正成为高澄的得力助手，在公元541年主持完成了中国历史上第一部以"格"命名的成文法典《麟趾格》。这段时期，崔暹在高澄的"亲遇日隆"下，利用职务之便大量举荐人才，也养成了"好荐人士"的习惯。

公元 543 年，崔暹的妹夫高慎以虎牢关叛逃西魏，但在高澄力保之下，崔暹改任御史中尉，负责战时武官监察。当时，由于南北政权之间以及东西两魏之间战争不断，所以各政权都有这样的战时体制加强对掌兵武官的控制，御史中尉就成了带有军中执法性质的高级官员，南朝方面在礼仪上允许他们"职无不察，专道而行"以维护其权威。而高澄为了让崔暹充分发挥岗位与为人作用，更是演了尊崇人才的一出"戏"：

有一次诸公在一起议事，高澄让崔暹随后通名进来。等到通名过后，只见崔暹高视徐步，后面还跟着两个人替他拽着衣裾。已经身为大将军的高澄此时也不摆架子，赶紧上前与崔暹分庭对揖行礼。崔暹也不让座就坐了下来，才行了两遍酒，崔暹就起身辞退。高澄故意挽留说："下官薄有蔬食，公少留。"崔暹毫不客气地说："来之前已经接到了上面下达的任务，还等着我回去处理呢。"于是不食而去，高澄则一路把崔暹送了出去。又过了十天，高澄与诸公去东山，路上遇到了崔暹，崔暹的人马正拿着红色的棍子清道，高澄赶紧回马避开。

在这样的"背书"加持下，崔暹工作起来十分卖力大胆，先后上表弹劾了尚书令司马子如、尚书元羡、雍州刺史慕容献，又弹劾太师咸阳王元坦、并州刺史可朱浑道元，罪状写得极为详尽，他们都被免去官职，此外被处死和贬黜的还有很多。

高欢这时候也出面给邺下的诸位贵人们写信说："这个崔暹当初在定州为家弟办事，后来又做了我儿子的开府谘议，再迁任左丞、吏部郎，我还不知道他的才能。如今刚居宪台，就能如此纠劾。这咸阳王、司马令都是我当平民时门对门的老朋友，如果讲尊贵亲近，谁也不会超过这二人，可他们却同时获罪，我也不能解救，你们还是小心为妙。"等到高欢从前线返回京城，群官到紫陌去迎接。高欢又一次握着崔暹的手说："以前朝廷也不是没有法官，但面对天下贪婪，却没有人肯去纠劾。中尉你尽心为国，不怕豪强，就使得远近肃清，诸公奉法。冲锋陷阵的，现在大有其人；懂得严谨当官的，如今才算见到。高澄小儿任重才轻，非中尉何有今日？荣华富贵可说都是中尉靠自己的能力获取的。我高欢父子真是无以相报。"于是当场赏赐崔暹好马，让他骑上跟着，边走边说话。崔暹下马拜谢，马受惊要跑开，高欢亲自为他拦住马，并把缰绳递给他。

公元547年，高欢逝世。尚未发丧，高澄便任命崔暹为度支尚书（户部尚书前身），兼仆射（相当于副相），委以心腹重任。而崔暹也继续保持忧国如家的工作责任心，以天下为己任。他一生不问家事，曾经有一次因为得罪人，被人诬告下狱，结果当官府去查抄他家时，发现他家里甚是贫匮，只有高欢、高澄等人与他讨论军国大事的书信千余份。公元559年崔暹去世，北齐文宣帝高洋抚灵而哭，赠开府仪同三司。

（参见《北史·卷三十二·列传第二十》）

故事评析

高欢父子继承了北魏政权较为鲜卑化的一部分势力，在建立自身制度文化的时期，面对北魏鲜卑贵族集团遗留的一些陈规陋习，必须扶持果敢的人进行大刀阔斧的整治。高欢父子发现了崔暹后，为了让其在监察岗位上发挥威力，父子二人各自导演了好戏来树立崔暹的岗位权威，得到充分信任的崔暹也相当配合地充当了官场"清道夫"的角色。他带领自己挑选的毕义云、卢潜、宋钦道、李愭等一帮御史，迅速办理了一批贪腐大案，处理了一批权贵人物。高欢父子奠基的北齐政权也因此获益。

李世民与两大门神

贴门神是我国春节期间重要的一项习俗。神话传说中的门神有很多，最早的是神荼和郁垒，而后来最有名的却是唐代的尉迟敬德与秦琼二位了，他们一个手执铁鞭，一个掌握铜锏，威风凛凛。尉迟敬德与秦琼本是隋朝军官，天下大乱之际一度与李唐为敌，但后来看清大势，归附李唐，跟定秦王李世民，是李世民极为信任的武将，最终入画凌烟阁，陪葬唐昭陵。民间传说，为了李世民称帝后不被过去的杀孽困扰能够安睡，两位将军主动站出来守在李世民寝宫门外，其威武气势有辟邪镇妖驱鬼之功效。后因担心两位将军长期熬夜有损身体，于是画像贴门替代。

正史中，尉迟敬德在隋大业末从军高阳，积阅为朝散大夫。后来刘武周起兵，以他为偏将。在以太原为根据地的李渊起兵攻打关中时，刘武周见太原空虚，发兵南下占领了太原，尉迟敬德则在其麾下多次击败唐军。公元620年，二十一岁的李世民亲自领兵回援太原，讨伐刘武周，刘武周命令宋金刚和尉迟敬德阻击李世民，结果宋金刚战败，投奔了突厥，尉迟敬德则收容了宋金刚的余部，困守介休，李世民命人来招降，尉迟敬德和同在此地的寻相就此投降了唐军。

同年李世民又得到命令率军东征割据洛阳的王世充，途中发生了刚归附的寻相等前刘武周部下武将均叛逃的事情。唐军诸将怀疑尉迟敬德也会叛逃，就立即把他囚禁了起来，屈突通与殷开山还建议赶紧杀了他，因为尉迟敬德是新降之人，情志未附，而且他非常彪悍，又被唐军关押了起来，必生怨望，不杀恐有后患。

李世民听了却说："不然，如果尉迟敬德要叛逃，他怎么会落在寻相后面呢？"于是解除尉迟敬德的禁闭，带他到卧室，对他说："丈夫以气相许，小小猜嫌不足以放在胸中，我不会因为那些谗言害死你这样的良士。"又拿出黄金送给尉迟敬德说："你真要离开的话，这些就给你当路费吧。"

当天李世民拉着尉迟敬德一块去榆窠打猎，结果恰逢王世充亲率数万大军而来。王军中有一位骁将单雄信带领一队骑兵直奔李世民杀来，当此危急时分，尉迟敬德跃马大呼横刺，一枪就把单雄信挑下马。接着尉迟敬德趁敌军惊愕之际保护李世民返回唐军阵营，然后率军还战，不仅大败王军，还生擒其将陈智略并俘虏六千名排槊兵。李世民高兴地望着尉迟敬德这位虎将说："他们都认定你肯定要叛逃，我独保你不会，怎么这回报来得这么快啊？"于是赏赐金银一筐。此后，尉迟敬德继续随李世民征战四方。

公元621年时，李世民预先安排下李绩伏兵，自挟宝弓，由尉迟敬德执槊陪同，二人前往窦建德板渚大营前挑战。窦建德军出营后，两人击杀窦军数十人，且战且退把窦军引入埋伏圈，然后伏兵四起，将窦建德军杀得大败。

玄武门之变前，太子李建成给尉迟敬德送来一车金器企图收买他。尉迟敬德回复说："我出身卑贱，遭逢天下大乱，一度属于敌军，是秦王让我活下来，我这辈子都要报答他的恩情。我没给太子殿下您立过功，怎么敢接受您的赏赐？如果私下接受赏赐，那就是怀有二心，对于这种徇利弃忠的人，殿下要来又有什么用呢？"李建成因此发怒，停止了赏赐。李世民听说此事，赞叹道："公之心如同泰山啊，就算再多金子，又怎么能移动你？但这恐怕不是能让自己安稳的应对啊。"后来太子势力果然派人刺杀尉迟敬德，但被尉迟敬德的威武所震慑未能成功。太子势力又想通过在李渊面前进谗言陷害尉迟敬德，但最后还是被李世民保了下来。

公元 626 年，在尉迟敬德与长孙无忌的极力劝谏下，李世民发动玄武门之变扫除了政治上的障碍，成为唐高祖李渊的正式继承人。

再说秦琼，他在隋朝时先后是隋将来护儿、张须陀、裴仁基部下，后来兵败降于李密为其帐内骠骑，又归王世充署龙骧大将军。可是他瞧不上王世充为人，就与程咬金在唐、郑两军于九曲对阵之际投奔了李唐，被李渊安排到李世民秦王府，拜马军总管。公元 619 年美良川一战，秦琼与殷开山大败尉迟敬德，斩首两千。李世民赏赐黄金瓶给他并慰劳说："您不顾妻子儿女而来投奔我，又立下如此大功，要是我的肉可以拿去吃的话，我真想割下来给你吃，何况这些子女玉帛之类。"

备受信任的秦琼跟随李世民征讨，在对抗王世充、窦建德、刘黑闼的多场战役中，秦琼都是作为先锋鏖战到底。每次只要敌军推出什么骁将锐士在阵前夸耀勇武，李世民就派秦琼出马，他总是能跃马挺枪刺敌于万众之中，从未失手。不过如此征战多年也严重损伤了秦琼的身体，这位左武卫大将军晚年多病时回顾到："我少年入伍至今，经历二百余战，几次受重伤，流血几斛，安得不病乎？"

秦琼去世后，李世民让有关部门用石头雕琢成人马立在秦琼的墓前以表彰其战功。

（参见《新唐书·卷八十九·列传第十四》）

故事评析

　　成功的领袖自己有坚强的意志，并且知道如何激发他人的热情并赢得信任。领袖们决心创建大业，追随者也希望有所建树。乱世之中的豪杰要是站错了队则意味着踏上一条死路。秦琼与尉迟敬德坚持站在李世民这边走下去，是他们对于天下大势的基本判断，是对李唐王朝冉冉升起的实力估算，也是对李世民人格魅力的由衷认可。李世民不会天真到相信所有人，但是对他认准的人还是会英雄识英雄，做出各种意气相许、赤心付之的举动。把信任的武将带在身边出生入死，将重要的任务交给他们去执行，满足他们完成马斯洛需求层次理论中的最高级需要。这样一番操作下来，他们的君臣、朋友关系就异常牢固，就不是什么金钱美女就可以随便收买动摇的关系了。

你可以自行决定

元朝末年，郭子兴等人举义反元，濠州人汤和率壮士十余人参加。应汤和之邀，朱元璋也投身郭子兴部红巾军。公元 1353 年，朱元璋奉郭子兴命回乡募兵，年仅二十二岁的徐达欣然应召，从此开始了他的戎马生涯，终为明朝开国第一功臣，位列开国"六王"之首。

公元 1355 年，滁州粮草不继，徐达和朱元璋攻取了和州。此后红巾军诸部发生内讧，郭子兴抓走红巾军另一部首领孙德崖，孙德崖部则抓走了朱元璋，徐达提出用自己换朱元璋，化解了这场矛盾。六月，朱元璋率徐达等人渡江，拔采石，下太平，并进一步图谋集庆。在这些战斗中，徐达与常遇春二人冲锋陷阵，勇冠三军，擒元将陈也先，收服康茂才义军。八月，徐达等人分道攻溧水、溧阳、句容、芜湖，皆克之。朱元璋在徐达获得一系列战功后授徐达为淮兴翼统军元帅。在征战过程中，徐达为人宽厚不嗜杀，持重有纪律，这样更加得到朱元璋的信任，所以经常委任他带领诸将前去征讨敌人。公元 1366 年，朱元璋任命徐达为大将军，统率二十万大军攻打张士诚。公元 1367 年，朱元璋命徐达为征虏大将军，率领二十五万大军进行北伐。

在攻打张士诚时，徐达多次派人向朱元璋请示事情，朱元璋就回复说："将军你的谋略与勇武都无与伦比，所以可以遏制叛乱，削平群雄。现在有事就来请示我，这是你的忠心可嘉。不过将在外，君不御。军中缓急，将军其便宜行之，我就不再从中制约了。"

公元 1370 年，徐达受命为征虏大将军，征讨扩廓帖木儿。在扩廓精兵突袭下，左丞胡德济惊慌失措，险些丢失东南垒。徐达击退扩廓后将胡德济械送京师。胡德济送到京师，朱元璋回信徐达："将军是效仿西汉卫青不斩苏建的行为啊，但我希望你还是效仿司马穰苴对待违反军令的庄贾好了。再有这样的事情，将军直接诛杀就行了。如今送过来廷议，我想到胡德济他父亲胡大海当年在信州、诸暨的功劳，不忍加诛。从今往后，将军毋事姑息，别再把人往我这里送了。"等到徐达获胜归来，朱元璋亲自到龙江迎接，授徐达开国辅运推诚宣力武臣。

徐达多次奉命征讨北元，每岁春季出发，冬暮召还，都成了那几年的惯例。徐达回来就上缴将军印，朱元璋就宴请他。席上朱元璋常称呼徐达是自己的布衣兄弟。朱元璋说："徐兄功大，（但）至今没有一个安定的住处，要不就住我的旧邸吧。"朱元璋说的旧邸就是他当吴王时的府邸，徐达哪里敢接受。后来有一天，朱元璋把徐达带到那个府邸喝酒，把徐达灌醉后留宿在那里。第二天徐达酒醒，赶紧爬下床高呼死罪。朱元璋见他这样，很高兴，于是命人在这个旧邸对面新建了一所大房子。表其坊曰"大功"。

（参见《明史·卷一百二十五·列传第十三》）

故事评析

"任人之道，要在不疑。宁可艰于择人，不可轻任而不信。"朱元璋在多年征战中逐步看好自己的布衣兄弟徐达，于是充分信任他，并授予了相应的方面军统帅职务。朱元璋既然做了授权就不再多加牵制，他明白在军事竞争激烈的时候不能对前线有太多的遥控行为。那样既干扰前线主帅的随机应变，又容易破坏统帅权威，还有可能造成统帅对于中央的过度依赖。

李安民的署名

南北朝时期的南朝政局有两个突出特点：一是政权更替频繁，二是门阀士族掌握了政治经济文化上的种种特权。在此种情况下，政权经常要处理来自内部的种种威胁。本篇中的李安民出身兰陵世家，先后参与了平定晋安王刘子勋、桂仰王刘休范、建平王刘景素、荆州刺史沈攸之与汉川、蜀地三巴、汉中五獠等多次叛乱。由于展示出卓越的军事指挥能力与敏锐的政治判断力，他在南朝宋时期就历任殿中将军、积射将军、宁朔将军、左将军、冠军将军、征虏将军、前将军等高级军职。

后来，李安民选择拥护比自己小一岁的萧道成为帝，两人合力平定沈攸之叛乱。萧道成即位后任命李安民为中领军，封为康乐侯。李安民在这个岗位上针对南朝宋的一个军事积弊提出了合理化建议，即不再允许将帅拥有规模太大的私人武装，只能有少数的心腹亲兵，这就大大降低了发生叛乱的风险。萧道成看出李安民对自己的维护且有一定政治谋略，于是经常只与李安民商讨家国密事，听取他的意见。为了表达自己对于李安民的充分信任，萧道成当面告诉他说："我只要看到文件上有你的署名，我就不再细看了。"

最后，李安民以安东将军、尚书左仆射、吴兴太守卒于任上，齐世祖赏钱十万，布百匹作为葬礼用。

（参见《南齐书·卷二十七·列传第八》）

故事评析

在《南齐书》中李安民是一个不信鬼神十分务实的高级官员，他出任吴兴太守时就不信当地有关鬼神占据太守府听事的传闻。他治军时严守军法，对于故旧绝不姑息，斩杀了盗绢两匹的老朋友。加之在抵抗北魏入侵和平定叛乱中的上佳表现，李安民成为萧道成眼中十分靠谱的高级军官。所以在公元480年北魏大举进攻时，萧道成首先就安排李安民出征，为其加鼓吹一部。李安民能够始终从萧道成坐稳江山的角度出发思考问题，在军事圈外也有强大的沟通能力与清晰思路。李安民一贯优秀的表现赢得了萧道成的充分信任，因此萧道成可以较为放心地进行放权。

宋太祖素知郭崇

五代时期说起来是五代，其实后梁、后唐、后晋、后汉、后周前后加起来只有五十四年（公元 907 年—960 年）。所以宋初有不少文臣武将都有前朝的任职经历，就连宋太祖赵匡胤本人也曾在后汉枢密使郭威手下任职，后来郭威建立后周，赵匡胤在继任郭威的后周世宗柴荣手下升为殿前都点检，也就是当时的禁军最高统帅。柴荣死后，赵匡胤在公元 960 年的"陈桥兵变"中被拥立为帝。

针对唐朝中叶以来地方节度使拥兵自重的问题，赵匡胤主要通过两次"杯酒释兵权"予以和平解决。前朝遗留下来的一些年迈高级武将在宋初基本都能得到尊重与优待，直至他们老病而逝。比如后周的河阳三城节度、检校太傅赵晁，宋初给他加校检太尉，没过多久他以疾归京师，五十岁病逝；历经唐、后唐、后晋、后汉、后周数朝的老将药元福，公元 960 年赵匡胤称帝时给药元福加检校太师，同年秋，七十七岁的药老将军病逝；公元 966 年，七十七岁的凤翔节度使韩国公王晏卒；公元 971 年，六十三岁的河中尹左金吾卫上将军郭从义卒。这样的例子在宋初非常多，只要不是故意背叛，赵匡胤都不会采取暴力手段去对付前朝遗留下来的武将，体现出了开国君主的广阔胸怀。

还有一则关于赵匡胤信任武将的小故事。郭崇也是个后唐就开始担任武职的人，石敬瑭割让燕云十六州给契丹时，他不耻石敬瑭的行为而南归。后来他追随后周太祖郭威，屡立战功，历任武定、镇安、镇宁、成德节度使。公元 959 年，七岁的后周恭帝加他为检校太师。

这十年里，后周三代皇帝对他都是恩宠有加。宋朝刚建立的时候赵匡胤给正在常山镇守的郭崇加中书令，虽然地位提升了，但郭崇一想起当年后周皇室对他的恩遇，还是不由得感伤，多次流泪。这时候监军陈思海就给赵匡胤写密信报告这些情况，里面写道："常山靠近边疆，郭崇有异心，需要防备他叛逃。"赵匡胤收到信后并不相信，他对身边人说："我素知郭崇是个重恩情讲节义的人，他说到后周皇室就抹眼泪，这应该就是感情上有所激发的自然表现吧。"但还是派人秘密去察看，使者回来说看到郭崇带着自己的宾客坐在池潭小亭子里喝酒玩牌呢，城中晏然平安无事。赵匡胤听完笑道："果如朕言。"不久郭崇就入朝觐见赵匡胤了。正好平卢节度使李重进叛变，赵匡胤就改任郭崇为平卢节度使，这依旧是一个非常重要地区的长官。五年后，郭崇在任上病逝。赵匡胤"闻之震悼"，赠太师。

（参见《宋史·卷二百五十五·列传第十四》）

故事评析

  如何保留优秀员工是个古今中外的组织都十分关注的问题。赵匡胤作为魅力型领导，不仅熟知郭崇为人，而且相信郭崇在朝代更迭之际会选择自己。所以他在接到有关郭崇有异心的密报之后没有轻易相信，而是给出了非常人性化的解读。得到使者汇报后他更加坚信自己的判断，放心地把平卢军交给郭崇去治理，促进了个体、工作与组织之间的匹配。在这样的信任下，郭崇显然能够看到自己与组织的适应性，在福利待遇、发展空间与有意义的工作等项目打分方面都会比较满意。而赵匡胤也成功做好了吸引、发展和维持有效劳动力（优秀人才）这件事。

第七编　选人用人看德才

不以天下之病而利一人

尧帝在位多年后，感觉自己日渐年老力衰，便把培养接班人一事提到了重大议事日程上。

这里需要说明的是，从当时的历史条件来看，社会还处于相对较原始的状态，社会财富积累很有限，当时的帝王还难以享有后世帝王的财富和权力，帝王最主要的任务是履行相应的社会职责。在当时的人来看，帝位虽然很重要，能够得到世人的敬仰，但由于责任很重，干不好还不如不干，因此帝位并不像后世那么为人看重。

有一天，尧问群臣："谁可以继承我的这个事业？"大臣放齐说："你的儿子丹朱通达事理。"尧却认为其子丹朱的德才不足授天下，他说："丹朱这个人顽凶，不能用。"驩兜说："共工聚集民众，做出了业绩，可以用。"尧说："共工好讲漂亮话，用心不正，貌似恭敬，其实违背了天道和人心，这样的人也不能用。"尧接着问："四岳（分掌四岳之诸侯，一说为主方岳之事的四时官），如今滔天的洪水包围了高山，漫上了丘陵，民众万分愁苦，可以派谁去治理呢？"众人都说鲧可以。尧说："鲧这个人违背天命，毁败同族，不能用。"四岳说："就任用他吧，先试试，不行再把他撤掉。"尧因此任用了鲧。但是鲧治水九年也没有取得成效。

尧又召开了会议，他问四岳："我在位已经七十年了，你们谁能顺应天命，接替我的帝位？"四岳回答说："我们的德行鄙陋得很，不配登上帝位。"尧听此回答，便说："大家扩大一下选人视野，从所有同姓异姓远近大臣及隐居者当中推举吧。"这时，大家对尧说："民间有一个叫舜的单身小伙子，非常不错。"尧说："我听说过他，这小伙子怎么样？"大家又一齐称赞说；"他的父亲是个盲老头，而且非常凶顽，母亲也嚣张，弟弟十分傲慢，而舜却能与他们和睦相处，尽孝悌之道，用美德治理家业，使他们不至于走向邪恶。"大家七嘴八舌地说舜德行敦厚，是个值得托付之人。于是，尧说："看来这小伙子不错，那就试试他，看行不行。"于是把两个女儿嫁给了舜，从两个女儿身上观察他的德行。

舜没有为之得意忘形，不但没有为了讨好老岳父把两个妻子捧在手心里呵护，反而让她们降下尊贵之心住到妫河边的家中去，遵守为妇之道。舜的这一行为，不但没有受到媳妇的埋怨，反而得到了尧的充分认可。于是，尧就通过任事来考察和磨砺舜的才能。先试着让他管一管意识形态领域的事，担任司徒一职，负责教化百姓"父义、母慈、兄友、弟恭、子孝"的伦理之德。家庭关系是社会关系的根基，百姓们热烈拥护并遵照执行，社会秩序也日益和谐。尧又让他参与百官的事，百官的事因此变得有条不紊；让他负责外交，接待四方宾客，四门也处处和睦，从远方来的诸侯宾客都恭恭敬敬。最后，又派他进入山林川泽，遇上暴风雷雨，舜也没有迷路误事。经过三年的使用考察，尧认为舜才德出众，便对舜道："三年来，你做事周密，说了的话就能做到。现在你就登临帝位吧。"舜再三推让之后，于新年正月初一受帝位于太庙。

（参见《史记·卷一·五帝本纪》）

故事评析

　　尧最终决定授舜帝位时说："终不以天下之病而利一人。"尧以天下授舜，则天下得其利而丹朱病；授丹朱，则天下病而丹朱得其利。尧帝为了部族百姓的事业发展，举德才而避至亲，提前十多年就开始进行人事布局，在广泛听取意见的基础上有计划、有步骤地考察和磨砺舜，逐步让舜具备了接任帝位的德才水平以及全体民众的认可。一方面确保事业后继有人，另一方面也确保权力交接有序。虽然数千年过去了，但尧帝培养接班人的这个做法，确保了事业后继有人，值得当今各类社会组织学习借鉴。

选人用人"德"为先

舜，名叫重华。重华的父亲叫瞽叟。瞽叟，其实就是老年男性盲人的意思。舜的生母死后，瞽叟又续娶了一个妻子生下了儿子象，而象桀骜不驯。瞽叟喜欢后妻的儿子，几度想把舜杀掉，好在全被舜及时躲过了；舜每犯点小错儿，就会遭到重罚。即使这样，舜仍然很恭顺地侍奉父亲、后母，关爱弟弟，没有一点懈怠。

舜在二十岁时因为孝顺出了名，三十岁时恰逢尧问群臣何人可继承自己的帝位，四岳都推举舜，于是尧把两个女儿嫁给了舜以观察他在家的德行，让九个儿子和他共处以观察他在外的为人，结果都很好。此后舜在历山耕作，历山人都主动推让土地的界线；在雷泽捕鱼，雷泽的人都主动推让居住的地方；在黄河岸边制作陶器，那里的陶器就没有次品了。一年的功夫，他住的地方就成为一个村落，二年就成为一个小邑，三年就变成都市了。尧看舜干得很出色，就赐给舜一套细葛布衣服，给他一张琴，为他建造仓库，还赐给他牛和羊。

有这样能干而且孝顺的好儿子，本应该以子为荣，但瞽叟仍然想杀他。有一天，瞽叟让舜登高去修补谷仓，他却从下面放火。舜用两个大斗笠保护着自己，像长了翅膀一样跳下来，逃开了，才得以不死。后来，瞽叟又让舜挖井，舜挖井的时候，在侧壁凿出一条暗道通向外边。舜挖到深处，瞽叟和象一起往下倒土填井，舜从旁边的暗道出去，又逃开了。以为舜死定了的瞽叟和象，不但没丝毫怜悯内疚之情，反而一回家就开始瓜分舜的财产了。象说："最初出这个主意的是我。舜娶过来的尧的两个女儿，还有尧赐给他的琴，我都要了。牛羊和谷仓都归父母吧。"象于是住在舜的屋里，弹着舜的琴。

舜回到自己的住处看到象，象大惊失色，继而又摆出闷闷不乐的样子，说："我正在想念你呢，想得我好心闷啊！"如果按现代人的一般反应，逃出生天之后，要么是直接报警，要么直接报仇。但是，在受到亲生父亲和同父异母的弟弟的谋害之后，舜的镇定态度让所有人都不得不另眼相看。舜说："是啊，但愿你是这样啊！"

即使发生了这样的事，舜还像以前一样侍奉父母，友爱兄弟，而且更加恭谨。尧听说了这些事之后，觉得舜的德性醇厚，决定让舜去担任司徒一职，治理社会的伦理道德，后来又让他参与百官之事，结果社会伦理与官员治理都日益和谐。如此这般又试用了几次之后，舜的成绩都非常出色，于是尧决定让他代行天子之政，主政天下。

（参见《史记·卷一·五帝本纪》）

故事评析

　　中国自古以来选人用人就讲德才兼备、以德为先。司马光在《资治通鉴》里写道："才德全尽谓之圣人，才德兼亡谓之愚人，德胜才谓之君子，才胜德谓之小人……君子挟才以为善，小人挟才以为恶。挟才以为善者，善无不至矣；挟才以为恶者，恶亦无不至矣。"舜之所以能够得到众人举荐，后来又得到尧的认可，主要得益于其醇厚的德性。舜临帝位之后，进一步将这种德性用于社会治理和选人用人，较好实现了社会治理，推动了社会发展。当然，不同的时代和地方，对德的要求不尽相同，但一个人应遵循所处时代和地方的道德伦理，这一点却是古今中外相通的。

三风十愆，丧家亡国

伊尹名挚，也名阿衡，他是历史上第一个因功绩而盛名传世的宰相。"尹"的本字是一只手拿笔的形象，在当时表示"正"，衍生为官位就是"使之正天下"的意思。

关于伊尹是如何成为商汤重臣的，《史记》记载了两种说法，一种是他想求见成汤而苦于没有门路，于是就去给汤妃有莘氏做陪嫁的媵臣，背着鼎和砧板来见成汤，借着谈论烹调滋味的机会向成汤进言，劝说他实行王道；另一种是，伊尹本是个有才德而不肯做官的隐士，成汤曾派人去聘迎他，前后去了五趟，他才答应前来归从，向成汤讲述了远古帝王及九类君主的所作所为。

从伊尹的才华来看，他是个德才兼备的平民隐士的可能性很大。但是，伊尹的隐世实际上是为了入世。相传，伊尹曾梦见自己乘船从日月旁边经过，后被商汤聘请。太阳在这里暗指的就是帝王。后来，李白曾经用这一典故借喻过自己。公元 742 年，李白奉诏入京，很想像尹伊、姜尚一样干一番大事业，可是不但没有被重用，还受到权臣排挤，心情郁闷之下挥笔写了千古名篇《行路难》，其中"闲来垂钓碧溪上，忽复乘舟梦日边"，就是借用吕尚、伊尹的典故来比照自己。

伊尹辅助成汤讨夏，建立了商朝。成汤驾崩之后，太子太丁未立而卒，太丁之弟外丙、中壬，分别为帝三年、四年而崩。伊尹乃立太丁之子太甲为帝。

太甲元年，伊尹怕太甲不能承继成汤大业，就写了三篇文章《伊训》《肆命》《徂后》来规劝他。在《伊训》这篇文章中，除歌颂成汤功德外，主要是劝告太甲要不忘先王的初心使命，给太甲提出了为政用人的忠告："（先王）居上克明，为下克忠，与人不求备，检身若不及。"这段话的意思就是说：居于上位者要能够明察是非，居于下位者能够竭尽忠诚，对于别人不能求全责备，对于自己要以唯恐赶不上别人的态度经常反省自己的不足。同时要"制官刑，儆于有位"，以及"敢有恒舞于宫，酣歌于室，时谓巫风，敢有殉于货色，恒于游畋，时谓淫风。敢有侮圣言，逆忠直，远耆德，比顽童，时谓乱风。惟兹三风十愆（"过"的意思），卿士有一于身，家必丧；邦君有一于身，国必亡。"这段说话意思是说，要制定治理官员的法律，使有官位的人敬畏。如果有经常沉迷于歌舞的，这是邪气歪风；如果有极度贪婪财货、女色，纵情游乐、田猎的，这是奢靡之风；如果有轻视圣人教训、拒绝忠直谏戒、疏远年长有德者、伙同顽凶愚稚者的，这是亡政乱国的作风。这"三风十愆"，卿士身上有一种，就会亡家；国君身上有一种，就会亡国。

可惜的是，太甲并没有及时听从伊尹的劝告，搞得天怒人怨，伊尹就在商汤陵墓所在的桐地营造了宫室，让太甲在这里反省（后来"桐宫"被借指被贬的帝王或幽禁帝王的地方）。三年后太甲悔过自责，反善，伊尹又迎太甲归亳都，还政于他。此后太甲修德，诸侯咸归殷，百姓安宁。

（参见《史记·卷三·殷本纪》）

故事评析

　　这个故事告诉我们，为政者必须从自身做起，以上率下，不令自从，否则，虽令而不从。同时，也要严肃法纪、从严治官，狠杀"三风十过"，保持官吏们的高尚情操和职业素养。今天，我们有很多企事业单位的领导干部，道理讲起来滔滔不绝，要求提起来头头是道，但却从来不真正用这些讲起来正确、说起来重要的道理和要求来规范自己，一面对待部属声色俱厉，另一面对待上级却媚态全露，导致组织的信任力、组织力、执行力大幅度下降，进而导致企业破产、组织涣散。《伊训》提出的为政要求，值得我们深刻汲取。

孟曰取义

魏惠王晚年，魏国经历了马陵之败等多次战败，魏惠王为重振国势，卑礼厚币，广揽天下贤才，许多地方的贤才纷纷到魏国出仕或游历，儒家大师孟子就是其中一个。

魏惠王见到孟子之后，问得很直接："寡人不佞，军队再三折损在外，太子被俘虏，上将战死，国内空虚，宗庙社稷蒙羞，寡人对此深以为耻，老先生啊，您不远千里而来，能给我魏国带来什么得益呀？"孟子回答说："魏王您何必张口就谈利益呀，如果能够做到仁义就足够了！如果国君总是说何以利吾国，大夫总是说何以利吾家，士民百姓总是说何以利吾身，上上下下都忙着追逐利益，那么这样的国就处于危亡边沿了。怀有仁爱的人没有遗弃他的亲人的，讲究忠义的人没有把国君置于自身之后的。"魏惠王觉得很有道理，颔首称赞说："您说的很对。"

类似的话，孟子也曾经对当时著名的学者宋荣子说过："为人臣者怀利以事其君，为人子者怀利以事其父，为人弟者怀利以事其兄，是君臣、父子、兄弟终去仁义，怀利以相接，然而不亡者，未之有也。"实际上，孟子并不反对追求利益，只不过他追求的是通过义之所为，利之所求自然而然也就有了，不必从利出发而谋求利益。

可惜的是魏惠王不久就去世了，没有将孟子的义利观付诸实践。

当初，孟子拜子思为师，就治理百姓时义和利哪个为先的问题，专门向子思请教。子思告诉孟子应"先给予利益"。孟子很不理解地问："不是说贤德之人教育百姓，只谈仁义就可以了嘛，何必还要说利益！"子思解释说："仁义原本就是利益呀！上不仁，则下不得其所，上不义，则下乐为诈也，此为不利大矣。所以《易经》说：利与义是内在有机统一的。"子思怕孟子不理解，又接着解释说："通过利益使人民安身、安心、安业，才能弘扬我们倡导的道德呀。这些都是利益的重要作用。"可见，子思在教孟子的过程中，更加注重利益的引导作用，强调义与利的统一。在这个方面孟子承继了子思的思想，也发展了他的思想，从以利引导义的义利统一，到以义为要的义利统一。

义与利，我们整天挂在嘴上说，但往往是熟知并非真知。何为义与利呢？义利问题实际是公与私、众与我的关系，亦即如何处理自己与单位、组织和社会的关系问题。宋人张载认为"义公天下之利"，程颐认为"义与利，只是个公与私也"。义就是公益，利就是私利。治天下者应当重义轻利，先公后私。孔子说："因民之利而利之。"孟子发展为"与民同乐"和"乐以天下，忧以天下"。董仲舒更说："王者亦常以爱利天下为意。"陆九渊强调做官"必皆共其职，勤其事，心乎国，心乎民，而不为身计"。可见，义就是天下众生之大利，而利就是个人家庭之小利。

那么，义与利如何取舍呢？孔子曾说："富与贵，是人之所欲也，不以其道得之不处也。贫与贱，是人之所恶也，不以其道得之不去也。"又说："富而可求也，虽执鞭之士，吾亦为之。"还说："不义而富且贵，于我如浮云。"可见，孔子从来不否定通过正当手段追求个人利益，只是反对以不正当手段获利。孟子也坚决反对以不正当手段获取利益，他认为如果利"非其义也，非其道也"，纵然把天下给自己做俸禄，有千辆马车的待遇，他也连看都不能看。荀子主张："义与利者，人之所两有也。虽尧舜，不能去民之欲利。然而能使其欲利不克其好义也。""故义胜利者为治世，利克义者为乱世。""先义而后利者荣，先利而后义者辱。"简言之，在义与利的取舍上，不义之利不可取，不利之义则可为，正当之利应追求。

如果义利取舍两难时应如何做呢？孔子认为当个人私利与天下公利不可兼顾，必取其一时，应当"无求生以害仁，有杀身以成仁"。孟子说："生亦我所欲也，义亦我所欲也，二者不可得兼，舍生而取义者也。"荀子说："义之所在，不倾于权，不顾其利，举国而与之，不为改视。"可见，在义与利取舍两难时，传统文化主张"舍生而取义"，生是最大的利，能够舍生而取义，是坚持求义的最高境界。

（参见《史记·卷四十四·魏世家》）

故事评析

义利关系是我国传统文化中极其重要的一个主题。程颢说："天下之事，唯义利而已。"朱熹说："义利之说，乃儒者第一义。"陆九渊也说："学无深浅，首在辨义利。"事实上，直到今天，无论是处理国际关系、人际关系，还是处理个人与组织的关系，我们都时刻受着义利观的影响。新时代社会主义核心价值观与我国传统文化的义利观一脉相承。为政者，作为人民群众的公仆，义与利应如何取舍自不用赘言。近年来，由于义利取舍不当而受牢狱惩罚的人不胜枚举。作为单位领导者必须从满足群众的根本利益出发而谋事创业，否则，仅仅让部属行义而不重视他们的利，最终也难以得到群众的支持。那么，工农商学兵等各界人士是否也要遵循这种义利观呢？答案当然是肯定的。就拿商人来说吧，如果仅仅是为了追逐商业利益，这种生意即使一时可以做大做强，但一定会在某一天轰然倒塌。如果公司的老总们只想着谋划个人私利，怎么能够让其公司员工想着让公司变大变强呢？近年来有些大型企业迅速垮塌证明了这一点。知识分子也是一样，我们之所以要在知识分子群体中"坚持弘扬科学家精神"，就是因为"科学家精神"的内涵是为全社会创造奉献，给国家乃至世界的是一片海洋而自己只不过取一瓢饮。军人能够得到社会的尊重，不仅仅是因为他们为国家和社会奉献了自己的青春乃至生命，更为关键是因为在国家、人民群众需要时，他们能够舍生而取义，绘就大写的人生。因此，无论是什么社会角色，无论是执政用人，还是谋事做人，都应当用正确的义利观来指导自己的人生和事业。

聪明反被聪明误

晋国晚期，公室势微，诸卿做大。当权臣智宣子年老时，想以智瑶为继承人，族人智果说："他不如智宵。智瑶有超越他人的五项长处，只有一项短处。美鬓而个子高大、精于骑射力量强大、才艺双全、能写善辩、坚毅果敢，这五个方面都是他的长处。但是，他不够仁厚呀。如果他以五项长处来欺凌压服别人，以不仁不义的态度行事，谁能和他和睦相处呢？要是真的立智瑶为继承人，那么智氏宗族一定灭亡。"智宣子置之不理。

智宣子去世，智瑶当政，称为智伯。他与晋国另外两位权臣韩康子、魏桓子在蓝台饮宴，席间智伯戏弄韩康子，又侮辱他的家相段规。智伯的家臣智国告诫说："主公您不防备的话，灾难将会来临了！"智伯说："能够发难的只有我，我不给他们降临灾难，谁还敢兴风作浪！"可见智伯当时多么自大！尽管智国一再劝说，但智瑶就是听不进去。紧接着，智伯就向韩康子要地，韩康子想不给。段规说："智伯贪财好利，又刚愎自用，不给他的话，一定讨伐我们，不如姑且给他。他拿到地会更加狂妄，一定又会向别人索要；别人不给，他必定向人动武用兵，这样我们就可以免于祸患并且可以伺机行动了。"韩康子于是向智伯送上有万户居民的领地。

智伯大喜，又向魏桓子提出索地要求，魏桓子也想不给，但家相任章说："无缘无故强索他人领地，一定会引起诸位大夫的警惧；我们给智瑶地，他一定会骄傲。他骄傲而轻敌，我们警惧而互相亲善；用精诚团结之兵来对付狂妄轻敌的智伯，智家的命运一定不会长久了。《周书》说：'将欲败之，必姑辅助之；将欲取之，必姑与之。'主公不如先答应他的要求，让他骄傲自大，然后我们可以选择盟友共同图谋，又何必以我们一家当他的靶子呢！"于是魏桓子也交给智瑶一个万家之邑。

智瑶又向赵襄子要蔡和皋狼的地方。赵襄子拒绝不给。智瑶勃然大怒，率领智、韩、魏三家的甲兵前去攻打赵家。赵襄子逃到了民心在赵的晋阳。智、韩、魏三家围住晋阳，引水灌城。城墙头只差三版的地方没有被淹没，锅灶都被泡塌，青蛙孳生，人民仍没有背叛之意。智伯、魏桓子、韩康子三人一起观看水势，智伯说："我今天才知道大水也可以灭亡一个国家。"听到智伯的话，魏桓子用胳膊肘捅了捅韩康子，韩康子用鞋子踩了魏桓子一下，这是因为这两家的主城边上也有可以掘开灌城的大河，二人不约而同地互相警示。

这时，赵襄子派张孟谈秘密出城来见韩、魏二位家主，说："我听说唇亡齿寒。现在智瑶率领韩、魏两家来围攻赵家，赵家灭亡后就该轮到韩家和魏家了。"韩康子、魏桓子也说："我们心里也知道会这样，只怕事情还未办好而计谋先泄露出去，就会马上大祸临头。"张孟谈又说："计谋出自二位主公之口，进入我一人耳朵，有何伤害呢？"于是两人秘密地与张孟谈商议，约好起事日期后送他回城。夜里，赵襄子派人杀掉智军守堤之吏，使大水决口反灌智伯军营。智伯军队因被水淹而大乱，韩、魏两家军队乘机从两翼夹击，赵襄子率士兵从正面攻击，大败智家军并杀死了智伯。之后，三家又联合起来诛杀了智氏全族，瓜分了智氏的土地。二十年后，韩、赵、魏实际已成为新的诸侯国。

（参见《资治通鉴·周纪一》）

故事评析

　　司马光对这个故事的评价十分精彩：智伯之亡也，才胜德也。夫才与德异，而世俗莫之能辨，通谓之贤，此其所以失人也。夫聪察强毅之谓才，正直中和之谓德。才者，德之资也；德者，才之帅也。云梦之竹，天下之劲也；然而不矫揉，不羽括，则不能以入坚。棠之金，天下之利也；然而不熔范，不砥砺，则不能以击强。是故才德全尽谓之圣人，才德兼亡谓之愚人；德胜才谓之君子，才胜德谓之小人。凡取人之术，苟不得圣人、君子而与之，与其得小人，不若得愚人。何则？君子挟才以为善，小人挟才以为恶。挟才以为善者，善无不至矣；挟才以为恶者，恶亦无不至矣。愚者虽欲为不善，智不能周，力不能胜，譬如乳狗搏人，人得而制之。小人智足以遂其奸，勇足以决其暴，是虎而翼者也，其为害岂不多哉！夫德者人之所严，而才者人之所爱；爱者易亲，严者易疏，是以察者多蔽于才而遗于德。自古昔以来，国之乱臣，家之败子，才有余而德不足，以至于颠覆者多矣，岂特智伯哉！故为国为家者，苟能审于才德之分而知所先后，又何失人之足患哉！

北魏四世德望高

史官赞美北魏大臣高允说：光宠四世，终享百龄！有魏以来，斯人而已。这个人可以如此高寿且有学问，如此身居高位且清廉，在当时实是不多见的。

高允寿终正寝时九十八岁。他之所以长寿，应该和他的性格有很大关系。这个人年轻时曾经放弃家产给二弟，自己入寺为僧，不过不久就还俗了。他性好文学，曾担笈负书千里求学，后被郡内召为功曹。

高允四十多岁的时候被征南大将军杜超征为从事中郎，与吕熙等一干中郎分赴各州共评狱事。最后吕熙等皆以贪秽得罪，唯独高允以清平获赏。杜超幕府解散后，高允回家教书，后来又参与《国记》的编撰。所以他常年的生活方式就是昼夜手常执书，生活朴素，好生恶杀，不妄交游，加上是个音乐歌舞爱好者，所以他年过九十还头脑清楚，可以在助手的帮助下完成写作任务。

北魏初年法治严苛，很多官员遭到杖罚。而高允历事五帝，出入三省，五十余年都没有被谴咎过。他为官清廉，当时北魏国家还处于从游牧体系向农耕体系的机制转变过程中，百官没有日常俸禄，他便常让儿子们上山砍柴自给。他九十多岁时坐车因马惊翻车，眉毛附近伤了三处，朝廷要重惩车夫，结果高允说自己无恙，请求宽恕车夫。还有一次，有个中黄门在雪夜扶他进宫，突然窜出来一条狗惊吓到他们，高允滑倒在地，中黄门大惊，结果高允还安慰他。

高允的正直真诚在崔浩的"国史之狱"中得到了最为集中的体现。

崔浩本是北魏极得宠的大臣，但也得罪了不少人。公元 450 年，鲜卑贵族们抓住他把毫不掩饰鲜卑贵族特别是北魏皇族早期丑事的《国记》石刻树立在大道两侧这件事发难，给了他致命一击。六十岁的高允作为兼职著作郎也被卷入其中。

高允当时是太子拓跋晃的经学老师，太子知道崔浩案发后就想保护自己的老师，于是他在带高允入宫前叮嘱说："等下见到至尊，我会替你开解。假如皇上要问你话，你就依我说的应答就行了。"太子见到太武帝拓跋焘后请求说："中书侍郎高允和我相处多年，我很了解他为人，是一个小心密慎的人。高允虽然与崔浩同事创作，但他身份微贱，一切都是听命于崔浩。臣请饶恕高师傅的性命。"太武帝就问高允："那《国记》都是崔浩写的吗？"高允老实回答："《太祖记》是前著作郎邓渊所写。《先帝记》及《今记》，臣与崔浩同作。但是崔司徒政务繁忙，只不过作为主编总裁而已。至于注疏，微臣所作多于崔浩。"太武帝一听大怒："此甚于崔浩，安有生路！"太子赶紧说："天威严重，允是小臣，这会子迷乱失次。我之前问过他，都是崔浩写的。"太武帝再问："东宫说的对吗？"高允还是如实说："臣以下才，谬参著作，犯逆天威，罪应灭族，今已分死，不敢虚妄。太子殿下是因为我侍讲日久，哀臣乞命耳。实不问臣，臣无此言。臣以实对，不敢迷乱。"听了这番话，太武帝对自己儿子说："这真是耿直的人啊！这是人之常情所难做到的事情，他面临死亡还不选择推脱避祸，不亦难乎！面对君王有一说一讲实话，这是忠贞的臣子啊。我宁愿遗漏一个有罪的人，也要饶他一命。"高允就此竟然得到了太武帝的赦免。

接下来又召见崔浩，崔浩在诘问之下惶恐恍惚不能应答，倒是高允在一旁事事申明富有条理。当时太武帝愤怒至极，命令高允拟制诏书，要将崔浩以下涉案的一百二十八人全部夷灭五族。高允对此表示怀疑而不拟诏，太武帝派人频催他快写。高允于是要求再次面圣确认后为诏。见面后，高允对太武帝说："崔浩所坐，如果还有别的罪，臣不清楚。但如果只是触犯这一项罪行，还不至于要处死。"太武帝震怒，命令武士立刻绑了高允，太子赶紧帮高允求情。太武帝缓过劲来说："要不是这人又来气我，当有数千口死矣。"于是决定只族灭崔浩一家，其他涉案人只处死本人。

出来以后，太子责怪高允："人应该懂得把握住时机，不能见机行事，学那么多有什么用？刚才你听我的跟着说不就没事了，结果这样触怒皇帝。我现在想起来还心有余悸。"高允心平气和地回答："我就是个东野的普通书生，本来没有做官的打算。到如今已经是尸位素餐好些年了。史书那是关于帝王行为的实录，将来后人要通过它来了解过去，人君也因此谨慎执政。崔浩以蓬蒿之才，荷栋梁之重，被私欲淹没了他的公廉，被爱憎蒙蔽了他的直理，这是他的罪责。但是记录朝廷起居和国家得失的事实，这是史之大体，他并没有违背。我和崔浩一同做这件事，生死荣辱本就该在一起。如今是多亏殿下你有大造之慈要救我一命，但说违心话来苟免并不是我的本意啊。"太子听完不由得动容称叹。此前高允为郎中二十七年不曾升官，他的部下和学生后来好多都职务比他高，他还是照样坚持学习而不去跑官要官，确实不是一个一心想做大官的人。

公元452年，拓跋晃之子拓跋濬即位为帝。高允曾劝说他放弃修建宫殿的大型工程。高允每次劝说他都注意场合与措辞，遇到不便当朝说的就请求私下相见。而拓跋濬如果实在不想听也不发火，只是让左右扶高老出去。他任命高允为中书令兼职著作郎，从来不直呼其名，而是称其"令公"。拓跋濬的儿子拓跋弘在公元465年继位，他在高允劝说下恢复了许多先朝制度，各郡设立学官，规定招生数量，开启了郡国立学制度。公元471年，拓跋弘年仅五岁的长子拓跋宏即位。高允因力劝拓跋弘立年幼的他为皇太子而更得敬重，晋爵为咸阳公，加封镇东将军。拓跋宏就是著名的北魏孝文帝，此后十六年他和父祖一样优待高允，请他修订《皇诰》，垂问国家政事。考虑到高允喜好音乐歌舞，还特意安排宫廷乐队每五天去高府慰问演出一次。公元487年正月，一生平和善良的高允在家中平静去世，他死前几天还在吟咏文学作品，出入行止如常，看不出就要辞别人世的样子。

（参见《魏书·卷四十八·列传第三十六》）

故事重演

古豪杰之用世，有行事可及，而望不可及者，何哉？同恩而独使人感，同威而独使人畏，同功而其名独震，同位而其势独崇，此必有出于事业名位之外者矣，有德望，有才望，有清望。晏平仲、柳下惠、汲黯、霍光、羊祜、谢安、高允，其德望钦；子臧、季札、鲁仲连、杨震、李固、杨绾、元德秀，其清望钦；管仲、子产、信陵君、乐毅、贾谊、陈汤、祖逖、姚崇、李德裕，其才望钦。（参见《皇朝经世文续编·卷八》）

故事评析

高允是一位典型的德才兼备文学之士，他的学养让他的品性成为他一生平稳的最好护航者。北魏的历任统治者既尊重他的学问，也看重他的品性，知道这样的高级官员实是一种国宝，所以连续四任君王都能够对他施以相应的尊崇。对比历史上一些人由于私欲的蒙蔽和低劣的人品而导致覆灭，高允的事迹足以鼓舞正直善良热爱学习的人们度过问心无愧的一生。而如果一个集体里能够多选拔几位这样德才兼备的长者，也一定会提高组织的稳定性，减少许多不必要的内耗。

苏绰六条诏书求贤俊

一次，西魏权臣宇文泰与公卿们前往长安的昆明池观看捕鱼，走到城西汉代仓库遗址，宇文泰回头问左右的人此地的故事，没有人能回答。有人说："苏绰博物多通，可以找他来问。"宇文泰便召见苏绰，苏绰都能详细作答。宇文泰十分高兴，又进一步询问天地造化之由来与历代兴亡的史迹。苏绰能言善辩，对答如流。宇文泰更加高兴，就与苏绰并马缓行到昆明池，竟然连捕鱼的网罟也没设置就返回了。宇文泰又把苏绰留下来交谈直到深夜，向他询问治国之道，到后来宇文泰甚至躺着听他说。苏绰陈述指明帝王之道，并讲述申不害、韩非的法术精要。宇文泰于是起身，整衣端坐，不知不觉移坐靠前。苏绰一直说到天明，宇文泰还未厌倦。次日，宇文泰对周惠达说："苏绰真奇士也，我要委任他政事。"随即任命苏绰为大行台左丞，参典机密，从此对他的宠爱礼遇越来越优厚。苏绰创制下西魏政权的文案程式，用红黑两色分别书写出入公文（红头文件的始祖），又制定计账、户籍之法。

公元544年，四十六岁的苏绰授大行台度支尚书，领著作，兼司农卿。苏绰为改革制度草拟了《六条诏书》（治心身、敦教化、尽地利、擢贤良、恤狱讼、均赋役），为后世称道。宇文泰很重视《六条诏书》，令百官习诵，规定各地郡守令长不通晓《六条诏书》者不许当官；还开设学校，选拔中下级官吏学习其内容。此诏书实际上成为西魏各级官员施政的纲领和准则，当时西魏的政治、经济、文化等各方面的改革措施都是依据《六条诏书》的精神制定，加速了政权运行的制度化。它的实施，对西魏政治的整饬及国力的发展起到了很大作用。使原来弱于东魏的西魏迅速转弱为强，从而为承继西魏的北周统一北方以及隋统一全中国创造了条件。这里节录第四条并简译，以飨读者。

其四，擢贤良，曰：

天生众民，不能自我管理，所以要有君王统治。君王不能独自治理，所以需要有臣属佐助。上至帝王，下及郡国，设置岗位，得贤则治，失贤则乱，这是自然之理，是不论什么朝代也无法改变的治理原则。

如今刺史和太守，都有他们的僚属，这些僚属就是辅佐他们执政的人。刺史府官由中央朝廷任命，州以下官吏由州郡地方长官自行任命。过去选择州郡的封疆大吏，只考虑门第资历，多不择贤良；而末曹小吏，又只测试他们的公文水平，而不问他们的志行。像门资这类都是祖先留下来的爵禄，与子孙的智商无关；而刀笔文书写作也是身外最末等的技能，与人的品性关联不大。如果只靠门资去寻找千里马式的人才，则范围太小，如果因此任命了愚蠢的世家子弟，那更加像是挑中了土牛木马，形似而用非，不可以涉道。同样，通过考察文书写作寻找人才，如果碰到知行高洁的，那是找到了金相玉质内外俱美的人中之宝，但是如果选到了浇伪之徒，那么这种人就像装饰了雕花的朽木一样，虽然可以悦目一时，文正精美，实际上却不堪担负梁柱的大任。所以今天选举人才，当不限资荫，唯在得人。如果是合适的人才，自可起厮养而为卿相，就像当年的伊尹、傅说，何况像州郡这样的职务。苟非其人，则哪怕是丹朱、商均这样的帝王后裔，也连一百里地都管理不了，何况那些公卿的子孙。由此而言，就可以看见观人之道了（坚持唯才依德这个原则）。

凡所求材艺者，从国家治理的角度来说，就是看会不会治民。若有材艺又以正直为本就能把他的才华都用在治理上面。如果有材艺却以奸邪伪诈为本，让这种人为官只会产生混乱。所以将求材艺，必定先择志向与行为。志行好的就提拔使用，志行不善的就淘汰出局。现在那些举荐人喜欢说："邦国无贤，不知道推荐谁好啊。"这是没有认真思考的说法，不是认识道理的观点。古人早就说过：常引一世之人，治一世之务。所以，殷、周不会等稷、契这些后世之臣来治理，而魏、晋也不可能使用西汉萧何、曹参这些前人来辅佐。孔子仲尼说："哪怕小到只有十户人家的范围，也一定有忠信堪比我孔丘的人。"那么岂有万家之都，却说什么无士的道理呢？只能说是求之不够勤勉，择之不够审慎，或用在不合适的岗位，任之不尽其材，所以才会说没有人才。古人云："千人之秀曰英，万人之英曰隽。"如今那些智慧足以在一个岗位上发挥效能，行为可以闻名于一带的人，不就是今天的英隽之士吗。只要能勤而审察，去虚取实，把各州郡最优秀的人才挑出来使用，那么无论民众多少，都足以治理。孰云无贤！

　　精良的美玉没有剖开时和瓦片石块没有分别，千里马没有驰骋时与驽马混杂也不好辨认。贤士没有得到使用时与凡人混杂也是这样的情况。只有任之以事业，责之以成务，才能和平庸之人区分开来。当年吕望在江边垂钓，百里奚在养牛，宁生叩击牛角，管夷吾三次做逃兵，当此之时，悠悠之徒，有谁会说他们是贤能？等到他们升王朝，登霸国，积数十年功业，功成事立，人们才发现他们都是天下奇才。于是后世称赞，溢美之词多到嘴里装不下。像这些瑰伟之材、不世之杰，尚且不能在未遇之时被区别于凡品，何况今天的人。若是一定要等待太公出现才任用，那么千载都不会有姜太公出来；一定要等待管夷吾出现才任命，那么百世也遇不到管夷吾。这个道理就是，士必从微而至著，功必积小以至大，哪有还没使用就要看到成效的事情。如果见识到这个道理，则贤可求，士可择。得贤而任之，得士而使之，则天下之治，就不可能不成功。

　　善于任命官员首先就要节省职务岗位。职务岗位少一点，就容易让合适的人充任，就会事无不理。如果职务岗位设置太多，那么就会混入不适合的人，那么就会导致管理失误。所以有话讲："官省则事省，事省则民清；官烦则事烦，事烦则民浊。"政治的清明与否，就在于是否有冗官太多的情况。现在的官吏员额不少。（如此员额用在）昔日民多事多的情况下都能有效施政，但今天户口减耗之后按员额设置吏员，却还觉得太少。听说州郡以下的官吏还有兼任的情况，还扰乱小民，这甚为无理。诸如此辈，还是要罢黜，不得变成陈规陋习。

不但州郡的官吏要选择善人，就是闾里乡间族长、里正等也要注意选择，以相监统。他们也是治理民众的基层力量，基层稳固上面才能安稳。

求贤之路不是只有一条，然而要能对之进行考核审查，则必由任命试用开始，在这具体做事的过程中考而察之。起于居家，至乡党，访其所以，观其所由，则人道明白清楚，贤人与不肖之徒得以区分。靠这个办法去选拔人才，基本不会出现后悔的选择。

（参见《周书·卷二十三·列传第十五》）

故事评析

苏绰总结了其所在时代中原政权在建立有效官僚体系方面的多条基本准则。也就是唯才是举不要受门资影响，重视人才的品德修养与职业技能相互结合，还有就是要在任命试用过程中去考察发现本时代的人才。上至州郡长官的选拔，下至基层里正的选择，都要贯彻以上用人原则。确保国家的各层管理力量都能得到具有标准的有效建设。

魏玄同论得人之术

在中国封建社会两千多年的历史长河中，国家统一、文化昌明、武功强盛、国威远播，是大汉与大唐两朝的共同特点。两朝多有励精图治的帝王，在人力资源管理方面也多有才智之士的历史研究与总结。武则天当朝时期的史部侍郎魏玄同曾写了一篇长文《古器者论》，多角度阐发了自己对于国家选用人才的看法。《旧唐书》记载如下：

臣听说制作器物的人必定选择专业工匠来挑选材料，治理国家的人必定寻求贤人来委以官职。工匠技艺差就无法做出精美的器物，官员不够贤能就不会有好的管理。君王治理百姓，大小臣工辅佐君王。君王不爱惜百姓，是有失君王之道；臣子不能佐助君王，是有失臣子之任。任命胜任的官员，诚然是国家之基本，关系到天下百姓安危。如今人民生活没有变得更为富裕，盗贼活动没有衰减，监狱与案件未能及时清理，礼义还有很多缺憾，为什么呢？就是因为下吏不称职，而各级官员又才能不足。岗位没有匹配合适的人选，恰恰说明取人之道还有欠缺。臣又听说："英明的君王奉行天道建设邦国，树立后、王、君、公，又配备大夫、师长，这不是为了个人享受生活，而是为了治理百姓。"昔日三代时期的邦国，各方面都只相当于今天的州县，士有常君，人有定主，自己选定英贤的臣佐，而大臣才由王朝任命。秦国统一天下，废除封建诸侯而设置郡守，汉朝承袭秦制并有所沿革。汉朝的诸侯可以自行设置四百石以下的官吏，至于国相等高级官员则由中央政府任命。州郡掾吏、督邮从事，都由州郡长官任命。等到了魏晋，这一类人事任命才归属于专门的吏部，沿袭至今。根据公文写作的刀笔水平来考量人才，依据簿书登记的完备来确定可靠的品行，由此产生的选人弊端，可说是一个长期形成的问题。

通常君子重视因循稳定而害怕频繁改变，如果不得已需要变动制度，那就要运用先见之明，确定卓然于平常的政策。如今吏部选司所执行的政策，并不是周汉之际的古制，而是近代的权道，对它们进行改变实有必要。为什么这样说呢？用尺子丈量也有不够长的时候，用容器接纳也有装不下的情况。非其所及，焉能度之；非其所受，何以容之？何况天下之大，士人之众，怎么可能靠吏部几个人就能衡量广大人才呢？即便吏部官员个个平如权衡，明如水镜，也有力所不及、照所不见的地方，加之考察人的角度、标准繁多，更是难免失察。这就不要说有愧于清通甄察了，甚至会把一些庸碌妄言之辈也胡乱选进来。讲情面就无所不至，接受贿赂更是以及万端。如此为人择官，为身择利，只凭关系亲疏远近就来下笔评价，通过看背景来历而酌情考虑。悠悠风尘，跑官要官；扰扰游宦，犹如市井交易。还有一种人表面忠厚真诚，其实内心奸险如溪水沟壑，如此择言观行还怕看人不够周全深入。而今却要让人们的百行九能在一两次面试中得到判定，各级各类官员的任命全凭一个吏部来专断，这样的工作岂不是很难做好！何况魏国应运而生，占据的也不过是三分天下之一；东晋播迁，统治的也不是一统之天下。此后的南朝齐、宋，以及（北）周、隋，战争之日多，安泰之时少，瓜分瓦裂，各在一方。隋朝平陈统一天下只不过十几年就再次天下大乱，兵连祸结，此后出现全国性的大饥馑。这既是他们德业不够，也是政权兴衰太仓促，不是说肯定今天而否定过去。我大唐高祖武德与太宗贞观年间与今日不同，皇运之初，各种事情都是草创，不仅是日不暇给，而且是人才匮乏。随着时间推移，上天保佑当今大圣人，享国永年，于是比屋可封，异人间出，人才众多。都认为天下有道则耻于卑贱，得时就要抓住机会不可懈怠，所以诸色人等流入官僚体系的每年数以千计。群司列位，无复新加，官有常员，人无定限。选举人才时好像雾积云屯一般大量汇聚，最终选用的还不到十分之一。整个过程犹如淄渑二水杂混，玉石难分辨，用舍去留，得失相半。

夏、殷那种远古时期的制度多已缺失，周监二代，倒是焕乎可睹。不仅诸侯们的大臣不都由周天子任命，就是中央政府官员也不会专任一个职位。所以周穆王任命伯冏为太仆正时说："谨慎挑选你的僚属，不要让谄媚奸佞、巧言令色的小人在你的身畔，只挑选德才兼备的吉士。"这就是让主官自己挑选下吏的文字。太仆正只不过是中大夫级别的官员，还把这样的权力交给他，更不用说三公九卿那样的高级干部了。《周礼》说：太宰、内史，共同执掌爵禄的废置；司徒、司马，另外负责推荐人才。当时是把选用人才的权力分任于群司，而统之以数职，各自寻求比他们职务低的人，而周王只是任命高级官员。委任责成是君王负责的大体工作，委任得当，用人精准，所以才能犹如《诗经·棫朴》所言：白桜和枹木啊，芃芃茂盛，周王左右人才济济，有许多金玉品质的臣子伴随。

南朝齐梁的史学家裴子野曾经说："对于任命官吏的困难，先王早有明言。就看该人居家是否孝顺父母友爱兄弟，看邻居乡人是否佩服他的诚信，看他的志向与行为是否正当，看他面对忧患与喜乐的事件采取怎样的应对。把烦琐的任务交给他看办事能力如何，让他面对利益观察他能否廉洁自律。《周礼》认为人才选拔首先开始于在校学习，再通过州里的议论，人选先上报给六卿，最后才推荐给王庭。后来汉朝也是如此程序。州郡发挥初选功能后才是五府辟举为僚属，再是三公考察后由尚书上奏天子。一个人的职业生涯里关注他成长进步的人很多，一个士人的进阶要经过详细的考核。所以官得其人，鲜有败事。魏晋不是这种做法，失误就明显很多。"裴子野说的只是区区南朝宋，这就已经是弊端丛生，何况当今！

再说从政为官，不可以无学。所以《尚书》说："学古入官，议事以制。"《左传》说："我闻学以从政，不闻以政入学。"今天的贵戚子弟，惯例是早早要求做官，髫龀之年就已经腰挂银印绿绶带，或者童草之岁就衣袭朱紫。弘文馆、崇贤馆的贵族学生多是千牛、辇脚一类的职务，他们学业浅薄，艺能低劣，凭借的只是自家的门阀资望。象贤继父，古之道也。所谓贵胄子弟也必须经历诸学的剪裁，修习六礼来节制性情，明白七教以兴其德，齐八政以防其淫，要对他们施行淘汰制，拔举其中的贤能以提倡德行修养的重要，简出不肖子弟以黜恶。少年受业，长大出仕，并由德进，必以才升，然后才可以用作国家倚重的大臣，移家事国。如果少年为官就会荒废学业，轻试则无才，于此（贵族子弟）一流，实在可惜。还有勋官三卫这一类人，不靠州县察举，直接根据书判取用，恐怕也不符合先看德行而后言才学的用人原则。

臣我还认为，国之用人好比人之用财。贫者厌糟糠，思短褐；富者余粮肉，衣轻裘。由此可知，遇到国家衰弊缺乏人才时，可以通过磨砺鞭策朽木愚钝之人来驾驭；而在太平多士时，则宜于精心挑选髦俊来任使。《诗》云："翘翘错薪，言刈其楚。"楚就是荆条，是柴草丛中的翘翘高出者。拿这句来比方于用才，亦是同理，在人选很多的情况下更加需要精挑细选。我看朝廷下发的制书，每每令三品、五品官推荐士人，下至九品官也要求举人，这是圣朝对于人才的侧席旁求的诚意。但是由于褒贬标准不明确，人们不担心出现失误会有惩罚，所以不会尽心搜罗和谨慎推举。何况只有贤人知道谁是贤人，这是圣人的笃论，伊尹与皋陶得到举荐，不仁的人就会远离。何况同等官阶的人差别也是很大的，像那种自己都是滥进混上来的人，又怎能识别人才？如今想要得到实才，就要选好主持推荐的举主。水流清澈来自于源头洁净，而影子端正在于树表正直，所以不严格要求举主的德行才能，而指责被举人的平庸泛滥，不可得已。《汉书》记载："张耳、陈余的宾客乃至于厮役奴仆，都是天下俊杰。"他们那种小小诸侯都能做到，何况以神皇之圣明，国家之德业，怎能不建立久长之策，为无穷之基，尽得贤取士之术，而但顾望魏晋之遗风，留意（北）周、隋之末事，臣私下感到疑惑。愿稍回圣虑，时采刍言，略依周、汉之规，以分吏部之选。这样精挑细选人才就不容易出现差错与失误了。

（参见《旧唐书·卷八十七·列传第三十七》）

故事评析

关于如何发现选拔人才，魏玄同总结历史经验并加以分析，提出周秦汉与魏晋两个模式，认为不能仅由吏部来选拔考察官吏，而要求整个官僚体系参与人才选拔。理由是吏部本身不具备多方面和各阶段考察官吏德行与才能的实力。魏玄同建议参考周秦汉模式，皇帝抓大放小，建立一个人才晋升体系，士人的进阶要经过学校、州郡等多个环节程序，层层选拔最终成为国之栋梁。整个过程既强调人才应经由学校培养打下坚实的知识基础，又坚持德才兼备的选拔标准，对于"举主"提出"唯贤识贤"的原则，以确保能推举真正的人才。

德望为先授官爵

不少古代皇帝都有两大愿望，一个是长生不老，另一个就是国泰民安可以封禅。为了这两件事可以挥金如土，也往往滥发官爵。

公元 725 年，唐玄宗从洛阳出发冬巡泰山，举行封禅大礼。右丞相兼中书令张说撰写了《封禅坛颂》为之歌功颂德，并趁机给随行人员升官，对于自己的手下幕僚更是加特进阶，一些中书省与门下省品级很低的录事主书被直接超授五品官。这时负责草诏的张九龄提出反对意见："官爵是天下的公器，当以德望为首要衡量指标，然后再看功绩大小。如果像这次调整幅度这么大，一定会引起人们的讥谤呢。这次封禅大典可谓是千载一遇，十分难得。像朝中的清流高品都没有得到皇恩浩荡，却对胥吏末班超常提拔。只怕这等制书一旦发出，会让四方失望。现在还只是草稿阶段，事情还可以改正过来，就看令公（张说）您的审慎筹措了，不要将来后悔。"张说大概早就把这次封赏的事情透露了出去，这时候坚持说："这事已经决定了，悠悠之谈，何足虑也！"到底没有听张九龄的建议。等到制书公布，果然朝内外都觉得张说的做法不对。

（参见《旧唐书·卷九十九·列传第四十九》）

故事评析

　　张九龄当时是依附张说的中书舍人，但是他出于公心，还是提出了自己正直的意见，也就是官爵不能因为关系亲密就轻易超常授予，关键还是要看一个人的德才来决定。后来张九龄自己也为相，依然秉公守则，直言敢谏，选贤任能，不徇私枉法，不攀附权贵，为"开元之治"做出了重要贡献。他去世后，唐玄宗对宰相推荐的人选总要问一句："风度得如（张）九龄否？"过去官员都是把上朝用的笏板插在腰带里再上马入朝，由于张九龄上了年纪身体羸弱，他就命人把笏板装在布囊里替他拿着，其他官员后来也都跟风模仿他这个行为。这真是君子之德风的一种体现了。

宋初真宰相范质

范质，字文素，大名宗城人。他是五代后周至北宋初年的宰相。别看他才活了五十四岁，但他的仕途却是从二十二岁考上后唐进士就开始，再历后晋、后汉、后周直至北宋。范质打小是个神童，九岁能写小作文，十三岁就精通《尚书》并能招收学生上课了。范质力学强记，性明悟，常年保持着勤奋好学的习惯。有人见他参加工作后还是每天手不释卷，就说何必如此辛苦，他回答说："曾有人看到我，说我将来能位居宰辅，假如他没看错，不学何术以处之？"除了勤奋好学之外，范质还是一个学问广博的作者，留下三十卷文集，还编了从后梁到后周的历史《通录》六十五卷。他年轻时长期担负后晋宰相桑维翰的文书工作。后汉时担任中书舍人；后周时担任中书侍郎、集贤殿大学士，参知枢密院事；宋初因定《南郊行礼图》等礼文进封鲁国公、太子太傅，是一位优秀的高级文化官僚。

宋太祖赵匡胤刚在"陈桥兵变"中被拥立为帝，范质就上书说："臣闻为宰相者，当举贤能，以辅佐天子。"推荐了端明殿学士与枢密副使赵普。这个赵普后来独相十年，成为昭勋阁二十四功臣之首。

除了推贤进能，范质平素以廉洁自持，身居高位而从不接受四方馈送，前后得到的俸禄与赏赐也多分给孤儿、遗属这些弱势群体。闺门之中，食不异品。过世后没有多余的财产。宋太祖知道他的为人，一次对侍臣说起来："我听说范质只有住的那套房子，不事生产积累财富，是个（一心扑在工作上的）真宰相也。"宋太宗赵光义也称赞范质说："我朝宰辅之中要说能够做到遵循规矩、慎重名器、保持廉洁这几点的人，无出范质右者，但欠周世宗一死，为可惜尔。"

（参见《宋史·卷二百四十九·列传第八》）

故事评析

　　赵光义这最后一句是君主提倡臣子对本朝的誓死效忠，因为范质当年在后周是周世宗的托孤重臣，封了萧国公。但是在赵匡胤称帝时，范质这个高级文官在军校罗彦瑰的刀前不知所措，选择了降阶受命。尽管有着这样一点君王眼中的"瑕疵"，但在臣子业务方面，范质可以说是相当完美的，德才兼备，所以他生前为历朝君主所看重任用，后周太祖郭威夸奖他"宰相器也"，抓到他后很是高兴，当即脱下自己袍子给他御寒；宋太祖在得知他去世的消息后，也是为之悲痛惋惜而罢朝。

第八编　识人选人重考察

"五察"识英才

李悝又名李克，是魏文侯时的国相，战国法家代表人物。有一次，魏文侯问李克："先生曾经说过：'家贫则思良妻，国乱则思良相。'现在我选相不是魏成，就是翟璜，您觉得这两人怎么样？"李克回答说："下属不参与尊长的事，外人不过问亲戚的事。臣子我在朝外任职，不敢接受您的这个询问。"魏文侯说："先生，您就不要临事推让了！"

李克道："君弗察故也。居视其所亲，富视其所与，达视其所举，穷视其所不为，贫视其所不取。五者足以定之矣，何待克哉！"这段话的大致意思就是说：国君这是您没有好好考察他们呀。选人识人，在日常生活中，要看他所亲近的人和物，富裕时看他把钱用到哪儿了，地位显赫时看他所推荐的人选，穷困时看他所不为的事情，贫贱时看他所不取的事情。仅此五条，就足以去断定人，又何必要询问我李克呢！

魏文侯说："先生请回吧，我的国相已经选定了。"李克离去正好遇到翟璜。翟璜问："听说今天国君召您去征求国相人选，到底定了谁呢？"李克回答："魏成。"李克这个人正直呀，实际上他并没有说推荐谁，只是给魏文侯说了个选人的原则，但他知道魏文侯一定会按照他的原则去选择。因此，面对举荐自己的恩人十分坦率。翟璜立刻忿忿不平地变了脸色，说："西河守令吴起，是我推荐的。国君担心内地的邺县，我推荐西门豹。国君想征伐中山国，我推荐乐羊。中山国攻克之后，没有人去镇守，我推荐了先生您。国君的公子没有老师，我推荐了屈侯鲋。凭耳闻目睹的这些事实，我哪点儿比魏成差！"翟璜说的这话没错，这几个人当时在魏国都立下了大功，不好反驳。

李克却说："你把我介绍给你的国君，难道是为了结党以谋求高官吗？国君问我相的人选，我说了刚才那一番话。我所以推断国君肯定会选中魏成为相，是因为魏成享有千钟的俸禄，十分之九都用在外面，只有十分之一留作家用，所以向东得到了卜子夏、田子方、段干木。这三个人，国君都奉他们为老师；而你所举荐的五人，国君都任用为臣属。你怎么能和魏成比呢！"翟璜听罢徘徊不敢前进，一再行礼说："我翟璜，真是个粗人，失礼了，愿终身为您的弟子！"

（参见《史记·卷四十四·魏世家》）

故事评析

　　这个故事里李克讲的"五察"识人用人法，实际上仍然是从德的方面来考察人才的。对于人才来说，德的考察，是千百年来识才选才最难的方面，至今也没有得到较好的解决。李克讲的这五个方面却是从个人私德到为公大德的较为全面的考察。强调选人用人，不能看一时一事，纵向上要着眼历史看全程，横向上要着眼工作生活看全面，通过前后左右对比，才能真正知晓一个人的人品道德坚守。但现实中，很多组织的领导干部在选人用人时往往只考察当下，甚至连当下考察也不够，往往凭感觉、凭亲疏、凭关系等就定下了选人用人决心，结果往往造成一代不如一代的恶果。

一位母亲的视角

公元前 260 年，秦赵两国因争夺上党而爆发长平大战。赵国投入兵力超过四十万，秦昭襄王在大战后期也亲至河内，赐民爵各一级，发年十五以上男子尽数投入长平战场。此次战略决战也由此成为中国古代军事史上规模最大、最彻底的歼灭战之一。

长平之战刚开始的时候，赵军与秦军接战失利，赵军主将廉颇遂坚壁以待秦，秦军数次挑战，赵军就是不出。于是双方在长平地区进入相持阶段，开始拼运输给养，拼综合国力，拼指挥官的智慧与毅力。老将廉颇深知两军虚实，死守坚垒不动，让秦军非常难受，最后秦国方面只得展开间谍战，在赵国散播谣言，说秦军只怕马服君赵奢的儿子赵括，根本不在乎廉颇那个老家伙。秦间的这个说法源自早先赵奢曾在阏与之战中击败过秦军。

赵孝成王对于廉颇之前败了几阵，后来又"畏惧"秦军坚守不战早已不满，曾几次派人责备廉颇，催促他采取更为积极的行动，但廉颇还是按兵不动。此时赵王听到谣言后便萌生了更换主将的想法。他先是与蔺相如商量换将一事，蔺相如当即反对："大王您靠传闻来任命赵括为主将，这好比是胶柱鼓瑟。这个赵括只是熟读他父亲的兵书理论，并不懂得实际作战中的机变应对呢。"但是赵王不听，还是坚持自己的想法，任命赵括为四十万大军的主将。

赵括其实在赵国也是小有名气，他从小就熟读兵书，喜欢谈论军事，觉得天下没人是他的对手。他曾与父亲赵奢探讨军事问题，赵奢难不倒他，但也不说他行。赵括母亲就问赵奢为啥，赵奢就说："战争是决定生死存亡的大事，可是咱们儿子说起来太轻巧了。以后赵国不让赵括统兵也就算了，如果让赵括当将军统兵，那么肯定是要吃败仗的。"赵括母亲记住了这番话，于是在赵括受命出行前上书给赵王："不能让赵括当将军。"赵王想不到赵括的亲生母亲会有这样的建议，就把她找来问："为什么？"赵括母亲就说："当初我事奉赵括他爸的时候，他作为将军，由他亲自捧着饭食伺候吃喝的人数以十计，被他认作朋友的人数以百计；得到大王和宗室的赏赐财物全部分给军吏和僚属；从接受军事任务当天起，就不再过问家事。可现在赵括刚成为将军，他面向东方接受部下朝见，没有一个军吏敢抬头看他；大王赏赐的金帛都带回家藏好，还天天看市场上哪里有便宜合适的地产值得购买。大王您看他哪里比得上他父亲呢？这父子俩的心地格局不同，希望大王不要派他领兵。"赵王听了这些，还是认为赵括比廉颇听话，会贯彻他的指示主动出击。就对赵括母亲说："您还是把这事放下别管了，我已经决定了，就是他了。"赵母只好说："这是您一定要派他领兵，那如果他万一不称职，我能不受株连吗？"赵王便许诺无论什么结果都不会追究赵母罪过。

赵括抵达长平前线后，遵照赵王意图，变更了廉颇之前的部署，调整了一批将吏，准备由防御转入进攻。而秦国方面则秘密启用白起作为前方统帅，经验丰富的白起针对赵括急于求胜的弱点，采取了佯败诱敌，分割包围，切断粮道的作战方针，一举包围了赵军。后来断粮四十六天的赵军陷入可怕的饥饿中，丧失了战斗力，赵括在亲率精兵突围时被射杀。秦国坑杀了投降的数十万赵军后进军围困邯郸，赵王因为有言在先没有诛杀赵括的母亲。

（参见《史记卷八十一·廉颇蔺相如列传》）

故事评析

虽然后世为"纸上谈兵"的赵括翻案的人很多，比如说秦国的综合国力胜过赵国，比如说赵括只是贯彻赵王的作战意图等。但在这篇故事里，赵括母亲以自身的视角察觉父子二人的差异，从而得出赵括不可为将的结论，这还是很有道理的。像赵括这样没有实战经验却又对战争持一种自觉很简单的游戏态度的人，非常容易轻视自己的对手，这对战争而言就很危险。此外，他不像父亲一样尊重他人的建议，这样他的一些决定在庙算时就可能并没有经过必要的推敲和多角度考虑，这对于军事决策而言同样是危险的。加上大战在即他还在琢磨个人经济利益的得失多寡。如此考察下来，确实赵括在为将之道上已注定了自己的失败。

先放我进袋子吧

中国历史进入战国时期后，诸侯国之间的相互兼并已成为家常便饭。在"争地以战，杀人盈野；争城以战，杀人盈城"的残酷竞争中，各国都意识到增加人口与吸引人才的必要性，于是养士之风盛行，其中以"战国四公子"（齐孟尝君、赵平原君、魏信陵君、楚春申君）尤为著名。四公子家家养士三千以上，人气是足了，但是人一多了主上就有点看顾不过来。孟尝君为此专门安排一个侍史，在与门客见面时常让此人坐在屏风后面记下门客所说的亲属地址，等门客离开的时候，孟尝君已经派人去那个地址慰问门客的亲属了。他还在住地安排专门的传舍长管理门客食宿。总而言之，要在分类管理中甄别出各色人才然后量才使用。门客们于是八仙过海，各显神通，各自找机会表现自己，以期得到公子们的青睐，好平步青云进入高级门客行列。而今天这里要说的乃是被司马迁称为"翩翩浊世佳公子"的平原君门下的一位门客毛遂的故事。

公元前260年，长平之战以赵军全军覆灭告终，秦军顺势围困赵国都城邯郸。在这生死存亡之际，赵国频频派出使者向他国请求援助，平原君打算亲自前往楚国请求援兵。于是，平原君召集门客说："如果文能取胜，凭借和平方式拿到两国合纵的盟约那就最好。要不然的话就动用武力胁迫楚王在华屋中歃血为盟。总之，必须拿到盟约回来。我这次的随从也不到外面去找了，就在门下食客里寻找合适的二十人即可。"于是千挑万选出十九人，可没想到合适去楚国的人还真就戏剧性地差了一个。

这时候门客毛遂上前推荐自己:"毛遂我听说君要去楚国寻求合纵,只带二十名随从。如今还差一人,愿君带上我为备员。"平原君就问毛遂:"先生您到我门下有几年了啊?"毛遂回答:"已经有三年了。"听此回答,阅人无数的平原君微微一笑说:"贤士生活在这世间,就好比是尖锐的锥子放在布袋子里,锥子的尖头立刻会穿透袋子露出来。如今先生你在我赵胜门下都待了三年了,我从没听过左右的人称颂过你的才华,这是你没啥过人的才能啊。先生没啥才能,还是留下吧。"闻听此言,毛遂不自卑也不罢休,立马接口说:"我是今天才有机会请您把我放进布袋子哦。如果我早被放进您的布袋子里的话,别说是露出尖头,我怕不是要整个锥子都脱颖而出呢。"平原君见他如此自信,一时也没有更好的人选,还真就把毛遂带上路了。此前精挑细选出来的十九个人则相互用眼神交流,暗中嘲笑毛遂。

平原君使团一路前往楚国,毛遂在途中和其他十九人议论事情,最终这十九人一一折服于他的非凡见识。等到平原君进了楚王宫殿,从日出一直说到正午都无法说服楚考烈王。这时候那十九人遂对毛遂说:"先生你上啊。"毛遂也不推辞,当即按剑踏阶入内,面对着平原君说:"合纵的利与害,两句话就能说清楚。可今天从太阳出来说到现在是为啥啊?"

楚王看着这个突然冒出来的人就问平原君:"这是什么人啊?"平原君回答:"这是我的一个门客。"楚王生气道:"还不下去!我和你主子谈话,轮得到你来插嘴!"毛遂毫不退缩,按剑上前道:"大王您这样呵斥我无非仗着楚国大军。如今我们相距不过十步,百万大军也保护不了你,你的性命悬于我毛遂之手。……你们楚国地方五千里,执戟百万,可以说是有着称霸横行的资本。可是白起那小子带着几万人就一战举鄢、郢,再战而烧夷陵,三战而辱王先人,刨了你们家祖坟。这简直是百世难消的仇怨,我们赵国都替你们楚国感到羞耻。我们来谈合纵其实是替你们楚国复仇提供机会，又不是单单为了赵国。当着我的主上，你怎么好意思呵斥我？"楚王听完说："是，是，先生说得对，我愿意以全国力量与赵国合纵抗秦。"毛遂追问道："那就签约定下来吧？"楚王说："定矣。"毛遂立即对楚王左右说："快去取鸡、马、狗的血来。"然后毛遂捧着装满血水的铜盘进献楚王："大王您先来，然后是平原君，接着是我。"于是就在宫殿中定下合纵盟约。

　　当带着盟约回到赵国后，平原君大为感慨："我赵胜以后再也不敢相士了。我多年相士，看了成百上千的人，自以为在我这里不会把人看走眼，没想到今天在毛先生这里就看错了。毛先生这次到楚国，使我赵国犹如九鼎大吕一般得到重视。毛先生以三寸之舌，强于百万之师。我赵胜以后再也不敢相士了。"于是以毛遂为平原君门客中第一等尊贵的上客。

（参见《史记·卷七十六·平原君虞卿列传》）

故事评析

　　由于种种原因，实际生活中有的人才根本进入不到评价体系，也没机会施展自己的才能。还有种现实情况是有些人会因为妒忌或见识短浅，而给人才很差的同行评价。所以毛遂自荐讲出了一个人才考察经常遇到的问题，即领导者有没有把某些人选纳入考察范围里，以及相应评价体系能否识别他，如果从开始就没把人才列入考察范围，或者即便列入了考察范围但是评价体系也无法识别他，那领导者最后难免会有遗珠之憾。

一来一去为哪般

历史上有不少家庭是一家兄弟各有各的优秀，均名载史册。如蒙恬、蒙毅为秦始皇重用，郦食其、郦商得汉高祖器重。秦末汉初，楚人之中则有季布、季心兄弟非常著名，楚人交口相传"得黄金百，不如得季布一诺"。后世传着传着传成了"季布一诺而千金不移"。可见季布为人重信守诺，在汉初豪侠之风尚存时，这可是江湖上最优良的品质之一。

季布曾经作为楚霸王项羽的部将在楚汉相争时多次使汉王刘邦困窘。所以，刘邦做了皇帝后悬赏千金捉拿季布。季布就伪装成家奴投奔鲁国的大侠朱家，后来朱家找了个机会，通过刘邦身边的近臣滕公进言获得皇帝谅解。刘邦放下一己私怨，展示广博心胸，拜季布为郎中。

汉惠帝时，季布被拜为中郎将。一次，匈奴单于写了封极具侮辱性的国书给吕后。吕后的妹夫上将军樊哙当即表示愿意领十万大军横行匈奴中，给他们点颜色看看。在场众将均附和樊哙的话，季布却出列说："樊哙可斩也！高帝四十多万人还被困平城，樊哙他领十万人凭什么可以横行匈奴中，当面扯谎！而且秦朝就是对胡人动兵，结果导致陈胜等起事，如今天下还没有从内战的疮痍中恢复过来，樊哙又当面逢迎，打算动摇天下根本。真是该死！"满殿文武官员都被这话吓坏了，但是吕后还是听进去了，不再提报复匈奴的事情。

汉文帝即位后也重视选拔人才，他听说此时的河东守季布是个贤人，就想任命他为御史大夫，于是召季布到长安来面见。可很快又听到有人说季布和他弟弟是任侠豪勇之人，喜欢喝酒，喝高了发酒疯。这时候汉文帝又打起了退堂鼓。汉文帝这么一番反复，加上日理万机，就等了一个月才召见季布，见完就让他回去。季布就说："我没啥功劳却得皇恩眷顾让我做了河东守。陛下无故召我来京，这一定是有人妄誉我来欺骗陛下。现在我人来了，却又没啥事交给我办，就此作罢，遣回原郡，这一定是有人毁谤我吧。陛下以一人之誉而召臣，一人之毁而去臣。我担心天下有见识的人听说了此事，会从中窥探您处事用人的深浅呢。"汉文帝听了这话默然良久，终于憋出一句场面话："河东郡是我的股肱一般重要的大郡，所以特意召你来过问一下啊。"于是季布辞别文帝，返回河东守原任。

（参见《史记·卷一百·季布栾布列传》）

故事评析

考察与使用人才其实涉及很多方面。从履历上看，季布在高祖时为郎中，在皇帝身边当差，已经算是进了备选人才库。汉惠帝升他为中郎将，这是重要军职，平时统领皇宫宿卫，是皇帝身边的重要将领。季布敢于公开批驳樊哙的军事意见，在吕氏倒台后又能出任河东守。说明他不论是在吕氏外戚集团还是丰沛功勋集团那里都能得到一定的信任与肯定。到了河东郡，季布治理民生颇有功绩，又能抵御匈奴南侵，于是会有朝内外官员把他推荐到汉文帝眼前。御史大夫位属三公，监察百官，辅佐丞相。对于这样重要的岗位，皇帝在任命之前肯定要做多方考察，汉文帝在召季布入京前肯定是听取了各方的意见，且史载季布与汉文帝的大舅子窦长君交好。可事情最后为啥黄了，表面看是有人说季布会酗酒使性不好接近，似乎不符合岗位定位，但真实的原因还待考。这也许与汉文帝刚上位时的微妙政治架构有关，作为藩王入主的汉文帝，他不是那种强势的皇帝，极不愿意引发朝廷的派系斗争，为了稳定局势往往选择忍让与妥协。所以同样的事情还发生过一次，即年轻人贾谊进入公卿高层的人事讨论，当时汉文帝同样在丰沛功勋集团某些人的反对下采取了曲线避让，让贾谊去做自己爱子长沙王的太傅。该行为的本意应该是引入功勋集团以外的人进入，让他们相互制衡以彰显皇权的力量，但最终还是为了规避政治风险选择退却放弃。

棘门此外尽儿戏

公元前158年，匈奴大举入侵边关，一路侵入上郡，一路侵入云中。接到警报，汉文帝急忙调集三路人马驻扎在长安附近，既护卫京师，又预备出击。这三路人马中，一路以宗正刘礼为将军，屯军霸上；一路以祝兹侯徐厉为将军，驻军棘门；一路以河内郡守周亚夫为将军，驻守细柳。

一天，文帝亲自去慰劳军队以鼓舞士气，先到霸上，再到棘门，这两处军营远远看见皇帝的先导就赶紧打开营门。随后皇帝的车队直接驰入军营，刘礼、徐厉两位将军及所属官兵骑马迎进送出，全程毕恭毕敬。

当日最后一站去的是位于细柳的军营，这里的将士各个披坚持锐，刀出鞘，箭上弦，拉满弓，一副战备状态。皇帝的先导到了营门也进不去。先导说："天子马上就要到了！"军门都尉则说："将军有令，军中只听将军的命令，不听天子的诏令。"正说话间，文帝的座驾到了，可还是营门紧闭。于是文帝派使者手持符节诏告周将军："我要入军营慰劳军队。"周亚夫这才传令打开营门。营门的守卫士兵又对皇帝的随从人员交代说："我们将军规定军营中不准车马奔驰。"于是文帝的车夫们听命控着缰绳，缓慢行进。等到了中军帐，将军周亚夫手持兵器向文帝拱手说："身着铠甲的将士不行拜跪礼，请允许我以军礼参见。"汉文帝一天下来看到这里，深受感动，也改换了姿态，就依着车前横木，俯身向周亚夫致敬，再派人称谢说："皇帝郑重地慰劳将军。"待劳军仪式结束后，出了营门，当日陪同的群臣都非常惊讶，想不到居然有这种不把皇帝亲临当回事的将军。可文帝却感叹称赞道："这才是真正的将军呢！之前我们去过的霸上和棘门。那里的军队，都好像是小孩子做游戏。那里的将军如果遭遇袭击八成就会变成俘虏。至于这位周亚夫将军，敌人能有机会冒犯他吗？"文帝对周亚夫赞美了很久，留下深刻印象。

一个多月以后，警报解除，三支部队均遣回原驻地。文帝便任命周亚夫做中尉，负责京城的治安。后来文帝临死时嘱咐太子刘启（后来的景帝）说："国家若遇有急难，这周亚夫可以担当带兵的重任。"文帝逝世后，景帝即位，任用周亚夫做车骑将军。

四年后，吴王刘濞联合楚王刘戊、胶西王刘卬等发动叛乱，此即历史上的七国之乱。景帝于是任命周亚夫为太尉，负责领兵平叛。这时的叛军正在猛攻梁国，但周亚夫并不想直接救援，他向景帝提出了自己的战略计划："楚军素来剽悍，战斗力很强，如果正面决战，难以取胜。我打算先暂时放弃梁国，从背后断其粮道，然后再制服叛军。"景帝同意了周亚夫的计划。三个月后，七国之乱平息，西汉中央政权进一步得到巩固。

（参见《史记·卷五十七·绛侯周勃世家》）

故事评析

一次劳军，一天看了三个军营三位将军。通过对比，汉文帝意识到了什么样的将军才能领兵打仗。汉文帝在先是进不了营门后又遇到以军礼相见时，体现出了一个领袖的广阔胸襟与英明见识。他没有把这些当作对他天子威严的冒犯，而是认为这是真将军理所当然的体现。所以这次原本的劳军成了一次实际上的人才考察，为汉家江山发现了真正的将军。

一言悟主张释之

什么人才是岗位所需要的合适人才，不同的人从不同的角度看，可能结论就会不一样。

有一天汉文帝去上林苑游玩，随行人员中就有谒者仆射张释之。他们登上虎圈看老虎，这时候汉文帝问上林尉们（上林有十二尉）上林苑其他禽兽的情况，连续十几问，上林尉们眼神飘忽左右，都答不上来。这时候旁边的虎圈啬夫上前一一作答，而且答得非常周全。文帝发觉这个虎圈啬夫真是一问即答，便说："为吏不该是他这样的表现才对吗？上林尉就太无赖混日子了！"于是下诏给张释之让他去宣布一个新的人事任职命令，将这个虎圈啬夫提拔为新的上林令。

张释之想了想就上前问汉文帝说："陛下，您觉得绛侯周勃是怎样的人呢？"文帝说："那是位长者啊。"张释之接着问："那您觉得东阳侯张相如又是怎样的人呢？"文帝还是回答说："那也是位长者啊。"张释之就说："被您认为是长者的周勃和张相如，他们二人都不擅长言语表达，现在做出这样的任命，难道是要让人们效法伶牙俐齿的啬夫吗？亡秦就是重用执法严苛的刀笔吏，所以官吏们争相以办事迅疾苛察为高，结果徒具文书形式而没有恻隐的实质。从此秦皇再也听不到自己的过错，传到二世就土崩瓦解了。如今陛下因为啬夫口齿灵便就超迁他做六百石的上林令。我恐怕天下人都会闻风而动，争逞口舌之能而不务实际。在下位的人很容易受到上层的影响，比回声还要迅捷，所以您的举措还是要审慎考虑啊，您看呢？"文帝听到这里说："你说的对。"然后就没提拔虎圈鄙夫为上林令。

文帝登上回程马车后让张释之上车陪坐，放慢马车回宫的速度，一路上向张释之询问秦国治理的各种弊病。等回到宫里后，汉文帝拜张释之为六百石的公车令。这下张释之的岗位和皇帝的关系更近了一步，因为该职位是君主交通民情的重要接口。

（参见《史记·卷一百二·张释之冯唐列传》）

故事评析

这个故事中，表面上看虎圈啬夫熟知业务、有问必答，很适合做一名合格的上林令。但这次考察真的全面吗？那也未必。在张衡的《西京赋》中，上林苑是个周长四百里的大园子，有十二个苑门。可想而知这个皇家园林中会有多少工作人员。虎圈啬夫确实熟悉自己所在领域的工作，但是上林令的业务与管理工作其实还有很多，上林令同样要把许多工作分配给不同专长的人去处理，而他自己不可能熟悉每一项工作细节，否则就不是层级管理了。所以虎圈啬夫当然是一名合格的老虎管理员，但并不说明他就具备了做一名高级管理者的能力。假如文帝问的是植物问题或者其他部门问题，他也未必还能对答如流。而张释之则提醒了汉文帝关于用人导向的问题，虎圈啬夫不是不可以正常升迁，但是仅仅因为一次业务问答就一下子从管理员提拔为皇家园林最高长官，这种超迁就不正常了。这样的故事一旦传开就容易让人们追求伶牙俐齿的汇报工作，由此就有脱离工作与管理实质的倾向。放大言之，就成了整个官僚体制的弊病。所以，在考察任命人才之前一定要想好自己的用人标准与组织文化到底是什么。

数风流人物

在隋唐科举制度产生之前，中国的官方人才选拔机制经历了西周世袭世禄制、秦军功爵制、两汉察举制、魏晋九品中正制等。

东汉末年三分国，烽火连天不休，出于军政的需要，急需大批人才，战国时期的养士之风再度兴起。在当时的社会上流行品评人物，著名的有汝南许邵兄弟的"月旦评"，每月更换品题，无论是谁，一经好评，立刻身价百倍，世俗流传。曹操就在许氏之处得到经典评语"治世之能臣，乱世之奸雄"，大悦而去。曹操自己则与刘备煮酒论英雄，说袁术是冢中枯骨，说袁绍是好谋无断，说刘表是虚名无实，说刘璋是条守户之犬，说张绣、张鲁、韩遂更是碌碌小人。而刘备则听信司马徽"识时务者在乎俊杰，此间自有伏龙、凤雏"的言语，把诸葛亮和庞统都纳入囊中。

九品中正制是魏文帝曹丕采纳尚书令陈群的意见，于公元 220 年制订的具有法律意义的制度。此制至西晋渐趋完备，南北朝时又有所变化，存在约有四百年之久。品定人物的中正官在落实此制度时显然少不了运用识才之法。孔子说的"视其所以，观其所由，察其所安"，《晏子春秋》里的"通则视其所举，穷则视其所不为，富则视其所分，贫则视其所不取"，还有魏文侯时李克说的五项标准和《吕氏春秋》中的"八观六验"，都在魏晋的人才选拔实践中得到了继承与发展。

三国时期，蜀汉的诸葛亮提出"知人之道有七"，而曹魏方面的刘劭则编写了《人物志》一书。刘劭在魏明帝曹叡时负责拟制了《都官考课》

七十二条与《说略》一篇，可以说有实际的干部人事工作经验。他在《人物志》中对品评人物才性的原则和标准进行了比较广泛深入的讨论。他把人物分成中庸、德行、偏材、依似（表面上有一方面特长而实无）、间杂（无恒的人）几种，论述中表现出儒道法等各家合流的倾向。《人物志》中有一个《八观篇》，介绍从八个方面观察识别人才：观察他与人争夺或帮助他人时的表现，观察他的感情变化，观察他的志趣气质，观察他的实际作为分辨是否为"依似"，观察他喜欢和尊敬什么人，观察他"情机"是否懂得儒家的恕道（恕道如心，也就是对他人情绪和用心的体察原谅），通过观察他的短处去理解他的长处，最后是"观其聪明，以知所达"。这样的考察方法既总结了前代经验，也有自己时代的发展。

魏晋玄学盛行，另外一本并非专注于人才选拔的《世说新语》也颇有这方面的记录。

（参见《后汉书·卷六十八·郭符许列传》《三国志·卷三十二·先主传》《三国志·卷二十一·王卫二刘傅传》）

故事评析

抓住某些关键问题对人物进行考察，无疑是十分正确的考察方法。大部分考察法中都会比较关心人物的志趣所在还有是否有名无实。而"八观""九验"这一类的识人"妙方"是否灵验，很大程度上也取决于观察者的认知水平，正所谓"运用之妙，存乎一心"。像刘劭自己解释《八观篇》中的"观其情机"，说人情莫不欲处前，所以讨厌别人夸耀自身。这样谦下的人就容易得到他人的接纳与欢迎。但是如果是遇到了某些善于伪装的野心家又怎么办呢，毕竟还是有"周公恐惧流言日，王莽谦恭下士时"。这些言简意赅的用人经验至今广为流传，"用人唯贤，德才兼备"更是作为用人原则写进公务员法。

"曳白"天下知

　　公元743年，大唐出了一件特大新闻。那一年科考判入等者凡六十四人，分甲、乙、丙三科，以张奭为第一。消息传出，舆论哗然，因为张奭是有名的不学无术。那为什么第一会是他呢？原因就是他的父亲是正得宠的御史中丞张倚，当时负责吏部选事的苗晋卿有依附之心，就让张公子排名第一了。

　　唐玄宗在位早期励精图治，贤相在位，吏治清明，朝廷库府充实，百姓安居乐业，所谓"稻米流脂粟米拜，公私仓廪俱丰实"，史称"开元盛世"。但作为唐朝在位时间最长的皇帝，他在后期逐渐怠慢朝政，宠信奸臣李林甫、杨国忠，这让唐朝这条大船危机四伏。进入天宝年间，唐玄宗已经在位三十年，国家承平日久，每年吏部选人常在万人左右。当张奭事件传到唐玄宗耳里，他决定亲自来一场复试，结果三科六十四人中只有十分之一二的人通过了考核。尤其是第一名张奭，从拿到白纸到考试结束，居然一个字也写不出来，人谓之"曳白"。

　　唐玄宗当即大怒，把张倚贬为淮阳太守，苗晋卿贬为安康太守，统统赶出了京城。这样的惩处显然并不足以警示当时已然腐朽的官僚体系，而苗晋卿也靠着他"小心谨畏，不甚斥是非得失"的性格做派在若干年后复起，在十五年后封韩国公，继续任侍中、太子太傅等要职。"曳白"丑闻发生十三年后，安史之乱爆发。而把张奭一事举报给唐玄宗的恰恰就是安禄山，也许他正是从这件事中看出了唐帝国内里的虚弱，才敢把野心付诸实践吧。

（参见《新唐书·卷一百四十·列传第六十五》）

故事评析

　　这个故事里的唐帝国官僚组织出现了组织理性的丧失。唐玄宗委政于李林甫长达十九年，而李林甫专政后把选官一事交给苗晋卿与宋遥二人负责，李林甫每年再让其他官员会同二人一起"较书判，核才实"。结果呢，人员的选择和升迁还是没有根据其自身竞争力和技术资格来进行考察遴选，而是取决于背景。这种组织理性的丧失，让唐朝一步步滑向了深渊，可为后人戒。

第九编　人才任用依才干

用人用其长

子思乃孔子之孙，也是《中庸》的作者。有一天，卫侯向子思询问苟变这个人的才能怎么样。子思说："他的才能可率领五百乘战车作战。"以当时军队规模来说，这绝对算是个将才。卫侯："我知道他是个将才，但是他原来当小吏的时候，有次征收税赋吃了老百姓两个鸡蛋，所以我不愿用他呀。"这说明卫侯对苟变还是十分了解的，虽然他的才能不错，但由于他的德性不够，卫侯对是否用他心里没底。子思说："圣人任用官员，就好像木匠使用木材一样，取其所长，弃其所短，高明的工匠是不会放弃仅有数尺腐朽的合抱之木的。今天，您处于战国之世，正是要网罗能打仗的人的时候，却以两个鸡蛋之故而放弃可以捍卫国家的将领，这样的事可不能让邻国知道呀。"卫侯一再拜谢说："我诚恳地接受您的指教了！"

在这样的时代背景下，名将吴起才有了机会。吴起是卫国人，好用兵，曾在鲁国为官。在齐国攻打鲁国的时候，鲁国欲以吴起为将，但是由于吴起的老婆是齐国人，鲁人对他的忠心有所怀疑。于是吴起杀妻拜将，大破齐师而还。这时候，鲁国就有讨厌吴起的人说："吴起是个生性猜疑残酷的人。他年轻的时候家里是千金富户，但是他在外游仕不遂，最后使得家庭破落，同乡人笑话他，他就杀了说自己坏话的三十多个人，逃离卫国。他在与母亲告别时咬着自己的胳膊狠狠地说：'我吴起不做卿相，再不入卫国。'后来他跟着曾参当学生，母亲去世都不回去奔丧，曾参就瞧不起他，与他断绝了关系。这之后他又学习了兵法侍奉鲁君，鲁君怀疑他，他就杀妻以求将，可见他是多么残忍薄情之人啊！我们鲁国是小国却有战胜强齐之名声，下一步诸侯都会图谋我们了。而鲁国和卫国是兄弟之国，鲁君用吴起，也是背弃卫国啊。"鲁君听到这番话，心里起了疑惑，就辞退了吴起。

此时吴起听说魏文侯是个贤君，就到魏国求职。魏文侯就询问李克，吴起是否可用。李克说："吴起这个人贪婪权势并且喜好女色；但是，如果讲用兵打仗，就是司马穰苴也超不过他呀。"于是，文侯就以吴起为将，攻打秦国，连拔秦国五座城池。魏文侯去世后，吴起遭人设计，被继位的魏武侯疑忌，恐惧获罪，于是又投奔楚国。楚悼王看吴起确实是个人才，便任吴起为相。时势造英雄，英雄也能造时势。吴起于是大展宏图，首先严明法令，压减行政冗余编制，废除疏远公族的特殊优待，并将省下来的钱粮用以抚养战斗之士，其目的是加强军队，破除靠游说合纵连横来图强的社会舆论。经过一系列改革，楚国很快就南平百越，北却三晋，西伐强秦，强盛一时。

（参见《史记·卷六十五·孙子吴起列传》）

故事评析

战国时期，周天子势微，天下礼崩乐坏，仅靠传统规矩和道德已经约束不了人们的行为，诸侯之间你攻我伐，稍不注意就可能家灭国亡。因此，各诸侯国都对人才高度重视，人才不论出身，只要能强国、强军，都是众诸侯争抢的对象。选人用人的观念也开始从以德为先变成德才并重，甚至先才后德了。事实上，无论什么时代选人用人，都必须与当时当地的具体情况结合起来。总体上，我国历史上选人用人要求德才兼备，但往往又体现出"治世德为先，乱世才为要"的特点。在治世，"德"是执政之本，政权合法性的基础，但在乱世，"才"是生存下去的第一需求。无论是苟变还是吴起，如果生在太平盛世是很难获得重用的。当前，世界虽然整体处于和平时代，但是国家和国家之间，企业与企业之间的竞争高度激烈，要立于不败之地，必须在完善权力运行制度的前提下，用人不求全责备，做到用人所长，避人所短，让各类人才的才智得到充分发挥。

挑儿子办事

每个人都具有自己的人格特征，这种人格特征对此人对世界的认知、对信息的加工，以及参与社交的方式影响很大，进而影响其工作的效果。刘邦称帝后，陈豨在代地谋反。刘邦听说陈豨手下的将领有很多是出身原赵国商人，于是就拿出大笔黄金对他们进行策反，这是利用了商人重利的特性。本则故事的主角则是春秋时期辅助越王勾践深谋二十余年灭吴的范蠡。

在越军攻破姑苏城逼迫吴王夫差自杀后，范蠡选择了挥一挥衣袖悄然离去，因为他认为越王勾践是一个可以共患难却不能共享福的领导者。没有听从范蠡临别警告的大夫文种则在不久之后被逼自杀。

离开越国后，范蠡隐姓埋名抵达齐国海滨，先是在那里与长子辛苦耕作治产，很快累计资产达数十万，齐人听到了他的贤名，就想让他当国相，但范蠡本就是挂印避祸而来，早就无心仕途，所以他推辞了相印，散掉了大部分家财，然后又带着家人迁移到了陶地（今山东省菏泽市定陶区）。此地交通便利，来往商人很多，范蠡在此经商，自称陶朱公，家资很快又累积巨万，于是天下人也都称其为陶朱公。

范蠡从此定居在陶地，在这里生了第三个儿子。等这小儿子长大成人后，范家遇到了一件大事：范蠡的二儿子在楚国杀人被捕。得知这个消息，范蠡叫小儿子赶紧去钱库取出黄金千镒，把它们分装在一批陶罐中，再用牛车运输去楚国设法救他二哥。小儿子将要出发的时候，范蠡的大儿子说自己要去，范蠡不许，长子就说："父亲大人，家有长子是为'家督'，平时替您掌管家里各项事务。可如今二弟他犯了死罪，您不让我去，却让小弟去，这是我不肖啊。"说完要自杀。这时候范蠡夫人也在旁边劝范蠡："你让小儿子去未必就能救回他二哥，可现在你要是不答应让老大去，老大就要先没了啊。"范老先生不得已，只好把一封信给了大儿子，仔细叮嘱道："你把这信带给我楚国的朋友庄先生，你到他家就把这一车黄金都放在他那，随他怎么处理，不要和他争啥。"大儿子一一答应，可背地里又带上了自己积攒的几百金以防万一。

范蠡的大儿子到楚国按地址找到庄先生家，发现庄先生家里非常穷。他按照父亲说的把信和金子都交给了庄先生。庄先生看完信对他说："你这就赶紧走吧，千万别留在这里。等你弟弟被放出来也别问为什么。"大儿子口里答应心里却另有盘算。他觉着庄先生这穷样能不能救人还难说，于是他动用自己经商的人脉找到楚王的一个宠臣，把自己的黄金献上求助，心想这回可是双保险了。

没过几天，收了重金的楚国宠臣匆匆前来相告："我们大王马上就要大赦了，我昨天看见他命人先把三钱之库给封了（当时楚国大赦前的惯例）。"大儿子一听这话，心想那敢情我弟弟运气好啊，正好撞到大赦。这时候他不由得想到送给庄先生的那些黄金来，心想这不是白便宜了那庄先生吗！于是他立即再度前往庄先生家。庄先生见他到来，大吃一惊："你没走吗？"大儿子就毕恭毕敬地说："之前因为弟弟的事走不了，现在据可靠消息楚王就要行大赦，我弟弟眼瞅着这两天就要被放出来了，所以特意来向您辞行。"庄先生听出他话里有话，知道他想把金子要回去，就主动提出让他把之前送来的金子都拿回去。这大儿子就不再客气，把之前送的金子又拿走了，自己还很欢幸。

他哪里知道，这庄先生虽然看起来过着穷日子，却因为廉直而闻名楚国，楚王以下都像对待老师一样敬重他。之前他收金子也不是真收下，而是准备事成之后再归还，以免范蠡的大儿子这找人帮忙的金子送不出去会心里不安。为此，他还特地嘱咐妻子："这金子是陶朱公的，以后要还给他的，不要动它。"然后他就找机会进宫对楚王说某某星宿到了某个位置对楚国有危害。楚王一听就问咋办，庄先生就提议做点积德的事来化解灾厄。楚王这才下令封三钱之库，准备大赦。

现在这大儿子的行为让庄先生颇为生气，于是他又进宫见楚王说："听说您修德大赦，可我在街上听到百姓传闻说陶地富人朱公的公子在楚国杀了人被囚禁，现在他家里的人为救他而花大价钱买通了您的左右，所以您的这次大赦不是为了楚国，而是为了那位公子的缘故。"楚王大怒："我虽然不德，可还不至于为了什么朱公子才去大赦。"于是立即下令先处死范蠡的二儿子，次日再宣布大赦。

就这样，自作聪明的范蠡大儿子最后带着黄金和弟弟的尸首懊悔地回了陶。

看到棺材，家人哀伤，邻居同情，唯独范蠡笑了起来："我早就知道你会害死你弟弟！你不是不爱你二弟，你是有些东西舍不得啊。你从小跟着我在齐国海滨吃苦创业，知道钱财来之不易，叫你放弃大笔财富实在太难。我为什么之前要叫小弟去办这件事呢，他出生的时候我们家已经是家财万贯，他从小就骑着好马打猎，根本不把钱当回事。所以啊，这次二儿子没救下来是在情理之中，没啥好悲伤难过的，我一直就在家里等着这么个结果。"

（参见《史记·卷四十一·越王勾践世家》）

故事评析

　　性格会影响到一个人的能力、信息收集方式、决策方式以及生活方式等诸多方面。本则故事中如果要衡量社会经验与办事能力的话，可能范蠡的大儿子要比小儿子强，比如他一到楚国就能迅速攀上楚王的宠臣就说明他的沟通交流能力其实挺不错，已经是个成熟稳重的中年人。但在故事中，因为他有自己的主见和不舍财的性格，导致他恰恰是最不适合去完成这项任务的人。在这里，领导者的重要作用就是判断出与任务完成最相关的素质领域，并由此选中合适的执行人。

曹参无为而治

在涉及一个庞大的官僚机构时，很多时候领导人在发现下属松松垮垮，效率低下时，需要采用各种切实的手段来让队伍"动"起来。当然，由于历史条件不同，事情也不总是这样。有的领导人就是喜欢员工们循规蹈矩，无为而治。

下面这个故事说的是汉初的曹参。他是刘邦起事时最早的追随者之一，刘邦晚期两次讨伐叛变他也都率军参加。最后统计是攻下二国、一百二十二县；擒获二王、三相、六名将军，俘虏郡守、司马、御史等若干。刘邦登基后，他凭借这百战之功被封平阳侯，食邑一万六百三十户，后又担任刘邦长子齐王刘肥的相国。齐国是汉初规模较大的诸侯国之一，辖区内有七十城。从战争年代转入和平时期应该怎么办？残酷破坏的力量能否转化为和平建设的力量？面对这样的时代转折课题，曹参在齐学者盖公那里发现了黄老之术，其秘诀就是：治道贵清静而民自定。曹参对此大为膺服，让出自己府邸的正堂给盖公居住。通过采用黄老之术相齐九年，齐国由于战争而减少的人口和被破坏的市场重新得到恢复，呈现出一片繁荣安宁景象，曹参也被称为贤相。

公元前193年，大汉丞相相萧何去世。消息传到齐国，曹参立即让手下准备行李好进京赴任，还说："吾将入相。"果然，不久任命下来，还真是由他继任。曹参在沛县时与萧何交好，后来二人分别走上为将和为相两条不同的发展道路，关系才有些倒退，但萧何在死前推贤时推举的还是曹参，而曹参当了丞相后也没动萧何留下的规矩，一切维持原样。

等到曹参选择丞相府下属的时候，他专门挑选郡国吏中那些木讷而不善于文辞的忠厚长者，而那些苛刻地解释律法想要追求声誉的人则一概不要。曹参丞相每天不讲办公效率，日夜喝酒，凡是来拜访的人都被拉着一起喝酒，来人在酒席上想说点啥正事，就会被接着灌酒，最终往往醉得一塌糊涂，还是没谈成正事。

相国府的后园靠着下级官属的宿舍区，每天都能听到里面喝酒和唱歌的呼叫声。有人实在看不下去，就找机会请曹参到后园游玩，希望他听到那些喝酒和唱歌的喧闹声可以管教一下那些下属。谁知道，曹参一见此景，反而取酒坐到众人之中，也开始唱歌与其他人相和。此后大家也渐渐发现，相府里的人只要不是犯了什么原则性的大错都不会被惩罚，相国府里"无事"。

曹相国每天如此做派，时间长了，十七岁的汉惠帝也有些看不下去，琢磨曹参是不是觉得自己太年轻不配有所作为？他又不好当面问，恰好曹参的儿子曹窋是中大夫，就叮嘱曹窋有机会问问曹参："高帝新弃群臣，帝富于春秋，君为相，日饮，无所请事，何以忧天下乎？"曹窋就在公休回家的时候向曹参问起此事。曹参勃然大怒，抽打了曹窋二百下，抽完说："快给我滚回宫里上班去，这不是你该问的天下大事！"第二天上朝，汉惠帝就说："是我让曹窋去问你话的啊。"曹相国先摘下帽子道歉，然后说："陛下您觉得自己圣武比得过您父亲高皇帝吗？"汉惠帝说："朕怎么敢和先帝比！"相国又问："陛下您看我能比萧何贤能吗？"汉惠帝说："你似乎有些不如他啊。"曹参说："陛下说的对啊。您看这高帝与萧何已经定好了天下的制度，如今陛下垂拱，曹参我与同僚们守职，遵而勿失，难道不好吗？"汉惠帝说："好吧，您不用说了，我懂了。"曹参为大汉丞相三年去世，老百姓们歌颂他："萧何为法，斠若画一。曹参代之，守而勿失。载其清静，民以宁一。"

（参见《史记·卷五十四·曹相国世家》）

故事评析

　　习近平总书记曾在 2013 年接受金砖国家媒体联合采访时提到要有治大国如烹小鲜的态度。本故事的主角曹相国就是基于这样的一种哲学态度采取了无为而治的姿态，他在挑选下属的时候也贯彻了不折腾原则。汉初百废待兴，这时候的国家政策以清静无为恢复民生为主，如果丞相府招揽了追求政绩的下属，很有可能会干扰这种于民休养生息的国策。所以看似效率不高也没有奇思妙想的木讷厚道之人反而是最恰当的丞相府工作人员人选。曹参无为而治的丞相府低效率运行方式不仅于一个刚建立的大一统农业国家无害，反而是有助于民生的休养，所以得到了广大群众的拥护与赞赏。

识时务的老师

　　战争环境特别容易衡量人才是否有真才实学，成败决定生死存亡是最无情的淘汰法则。刘邦在楚汉相争的年代里以"不好儒"著称，据说会抢下儒生的帽子对着里面便溺，而"竖儒"一词更是常常被他挂在嘴边，因此整体而言他是个马上得天下的马上皇帝。但说是不好儒，刘邦身边还是有叔孙通、陆贾、郦食其这样的人物伴随。在陆贾的提示下，刘邦称帝后迅速调整用人与治国方略，从马上治天下转为下马治天下，在承秦制的基础上进行了许多新王朝的制度建设，顺利渡过了新政权的瓶颈期。在这一过程中，有这么一个叔孙通及其弟子的故事。

　　叔孙通是薛地人，起初被秦国以文学征为待诏博士。陈胜起义后，秦二世喜怒无常，叔孙通发现伴君如伴虎，就逃回了薛地，而此时薛地已投降了起义的楚军，叔孙通也就势投了项梁，项梁死后又辗转归项羽管辖。公元前205年，趁项羽深陷齐国无力抽身之际，汉王刘邦率领诸侯联军杀入楚都彭城，叔孙通归顺了刘邦。等到项羽杀回彭城，汉军大败，叔孙通跟着刘邦一路撤退，从此一直追随刘邦身旁。由于刘邦憎恶儒服，叔孙通也脱下穿了多年的儒服换为短衣楚服，刘邦因此而欢喜。叔孙通降汉时，身边跟着一百多位弟子，但是叔孙通却一直不给他们推荐工作，而只向刘邦推荐一些强盗出身的壮士。学生们对此大为不满，在背后非议说："跟着先生好几年了，如今也算投奔了潜力股汉王政权，可是为啥不推荐我们这些品学兼优的人，老是推荐一些诡诈的人呢?"叔孙通听到了这些背后议论,就解释道:"现在汉王是在冒着矢石争夺天下,军队每天需要的不是可以长篇大论的人,而是提起刀就能砍人的勇士,你们这些学生能去阵前打斗吗?所以我现在先推荐能够斩将搴旗的人,他们才适应眼下这些残酷而迫切的需求。你们再等等,我不会忘记你们这些学生的。"

楚汉相争的结局是刘邦胜出称帝。可很快他就有些不开心,因为他的手下群臣不少都出身平民或群盗,欠缺修养,加上汉初法令简易缺少约束,所以这些文武大臣在酒会上喝高了就大呼小叫互相争功,甚至拔出佩剑砍宫殿柱子,现场是一片混乱。叔孙通看出刘邦内心对此厌恶,就请示说:"夫儒者难与进取,可与守成。我愿意去礼仪之邦鲁国故地征集一批儒生,把我们的朝仪弄起来。"刘邦一听龙心大悦,就命叔孙通赶紧去办。叔孙通到了鲁地,招募了三十多名熟悉礼乐的儒生。可当地有两名儒生不但不应召,还说风凉话:"你叔孙通前后投靠的主子有十来个,全靠阿谀奉承得到亲贵。如今天下初定,死者未葬,伤者未起,你又来搞什么礼乐制度。礼乐是百年积德而后可兴,我们瞧不上你,你的所作所为不合古,我们是不会去的,你自己去吧,别拉我们入伙弄脏我们。"叔孙通也不计较,笑着回了一句:"你们真是鄙儒,不知时变。"

叔孙通很快带着他的团队在郊外开始礼乐训练,训练了一个多月后请刘邦来视察,看是否合意。刘邦看后表示满意,随即下令全体大臣学习这套礼仪。公元前 200 年,天下第一宫长乐宫顺利竣工,朝廷很快决定在此举办朝会。当天,文武群臣排列整齐,按时依序入场轮流行礼。当初一块打天下的战友们个个毕恭毕敬,按官职大小分批次统一举杯向皇帝敬酒。全程在御史执法的监控之中,整场酒会下来一个敢于喧哗失礼的人也没有。刘邦对此大为赞赏,对叔孙通说:"我今天才体会到了当皇帝的无上尊贵啊。"于是任命叔孙通为太常,赐金五百斤。叔孙通此时趁机进言:"我的那帮学生跟随我很久了,这次和我一起完成排练和培训任务，愿陛下官之。"刘邦正高兴着，就大手一挥将这些人全部任命为郎官。叔孙通出来后，将五百金分给学生们并告诉他们都有了岗位。学生们欢天喜地赞美老师："叔孙通真是位圣人啊，知当世务。"

（参见《史记·卷九十九·刘敬叔孙通列传》）

故事评析

　　叔孙通既有权变又讲原则，不是一个简单的官场混混。后来刘邦想要废了太子换赵王如意，此时作为太子太傅的叔孙通就不惜威胁"颈血污地"劝谏刘邦，维护了儒家最基本的政治理念。在本则故事中，叔孙通顺应形势变化，根据人才的不同特性加以推荐。战争年代就推荐群盗大滑去斩将搴旗，浴血奋战；进入和平建设年代，就推荐彬彬有礼的文士，带他们建立新王朝的礼制秩序，确定尊卑稳定的框架。用人用其长，也用其时。在他的适时掌控与时机把握下，各类人才伴随国家政策的调整得到了很好的利用，发挥了自身的人力资源优势。

两位名将的比较

不同性格的人会有不同的管理风格。很难说某种管理风格就一定是所有人都要遵循的标准，如果一个人可以把自身性格的优点发挥出来，并且适合自己所在的岗位，那就很可能成为某方面的特殊人才。在这里最需要避免的就是一刀切破坏人的天性本质。

西汉有一位非常具有个人特色的传奇将军：个子高大，臂如猿，有善射的天赋。他历经汉文帝、汉景帝与汉武帝三朝，一直活跃在抗击匈奴的边关前线，由于作战迅猛被敌人敬称为"飞将军"，他就是李广将军。关于他的故事有很多，正史曾经把他与另一位将军进行比较，由此凸现他的独特魅力。

话说汉武帝即位后，从边关选调两位名将到皇宫担任卫尉。一位是负责皇帝安全的未央宫卫尉李广，一位是负责太后安全的长乐宫卫尉程不识。由于都是服务于皇室的高级武官，人们很快开始对他们进行比较，比较的内容就是过去他们担任边关太守时的管理模式与风格。

据说李广带兵出征时，不太讲究队伍行列，选择宿营地喜欢找水草丰美的地方，决定宿营后人人自便，也不提各种秩序与内务要求，也不安排人员值班敲打刁斗报时。但有一点是李广绝对坚持的，那就是向远方派出侦察兵进行侦察。由于有这样的安排，一旦有敌人靠近，李广也能得到预警，所以李广的军队从未遇到过危险。

而同样是边关太守的程不识则是一个严谨的人，他对队伍的编制、行军队列、驻营阵势等要求严格，安营扎寨后就安排好击打刁斗的值班巡逻队，还要求自己的幕府必须做好各种登记统计以备将来检查，结果那些文书为了完成这一切经常要通宵达旦地加班熬夜。他带的军队得不到很好休息，但也未遇到过危险。

关于两人不同带兵的方式，程不识总结评价说："李广带兵极简易，如果受到匈奴突然攻击就无以阻挡了。但是跟随他的士兵过得安逸快乐，也都愿意为他去死战。我带兵虽然军务显得繁忙，可敌人却也不敢进犯我。"

当时，汉朝的边境郡守里，李广与程不识都是著名将领，但是匈奴人更加惧怕李广的谋略，普通士兵也更愿意跟随李广，而以跟随程不识为苦。

说到这里必须补充一下李广的作战风格，他平时就有近距离射杀野兽的爱好，实际作战中也喜欢让敌人进入只有几十步的地方，有把握之后再开弓放箭，务求让对方应弦而倒。这种作战方法依托的是他精湛的箭术与过人的勇气，换成其他人就不一定能成功，甚至还会被敌人击败。事实上，李广的军队后来也因此陷入过窘迫的境地，某次甚至是大败。但李广却乐此不疲。虽然他在右北平射猎猛虎时也曾因为过于靠近而被腾身而起的猛虎抓伤过，但他显然是喜欢这种极限游戏的刺激感，愈是近战格斗愈是意气自如，也不惧怕对方人多势众。他的这种性格与武艺别人很难模仿，被太史公认为是天下无双的名将。

（参见《史记·卷一百九·李将军列传》）

故事评析

　　人力资源的安置会被视为一个匹配的过程，甄选的最终目的是把人安排到合适的岗位上。所以一般都会聚焦在求职者的知识、技能和能力（KSA）上，但甄选和安置活动也应关注求职者与工作和组织环境匹配的程度。许多组织都会尝试在个人价值观和组织价值观之间建立积极联系，组织也对能与工作有效融合的求职者青睐有加。李广作为武勇过人长于骑射的边关将领，能够正面战败机动性极强的匈奴骑兵，所以他为汉武帝选中参加了历次对匈奴的战争。但是李广也存在一定性格上的缺陷，这就造成后期他的 KSA 与岗位需求之间的某些"失谐"，也就间接导致了他的人生悲剧。

知大体的丙吉

两汉经学培养了许多人才，多有具长者之风的高级官员。公元前91年，巫蛊之祸发生，丙吉因为原来是廷尉右监被征召到朝廷，汉武帝命他治巫蛊于郡邸狱。

当时皇曾孙刘询刚刚出生几个月，受卫太子刘据之案牵连被关在狱中。丙吉心知刘据一案是有人诬陷，又同情刘询无辜受罪，就挑选谨慎厚道的女囚徒，命令她们护养刘询。

丙吉处理巫蛊案件，连续多年不能结案。刘询重病，几次几乎死去，丙吉多次嘱咐护养他的乳母好好用药治疗，还用自己私人财物供给他的衣食。等到刘询被大赦出狱后，他又把刘询送到刘询祖母家抚养，直至刘询被掖庭接回。后来昌邑王刘贺被废，汉朝皇帝缺位，霍光等大臣讨论皇帝人选时，丙吉又对霍光推举了刘询，霍光听从了他的建议，刘询就此被推送上位，是为汉宣帝。

虽然丙吉所做的这一切称得上是对刘询很有恩惠，可是等刘询登基之后，丙吉却绝口不提此事，以至于朝廷里的人有很长一段时间不知道他的功劳，甚至汉宣帝本人也不知道还有这一段故事。后来，汉宣帝铲除霍光家族，掖庭中有被牵连的宫婢上书说曾经有养护宣帝的功劳，宣帝下令彻查，最后甚至亲自下场询问，丙吉所做的这些事情才被曝光，汉宣帝由此认为丙吉是大贤。

五年后，丙吉出任宣帝朝丞相，依旧保持着他一贯的宽大和好礼让的作风。遇到丞相官署里有人办事不力或者是有违法行为，从来不严加追究，最多是给当事人放长假让其自己明白进退。后来接替丙吉为丞相的不知道这点，还以为做丞相都是这个惯例。所以宣帝朝公府不案吏的做法就是从丙吉开始的。

有一次，丙吉的驭吏犯了错。这个小吏平时喜欢工作之余到处游荡，嗜好饮酒，结果有一次喝多了吐在了丞相的座驾里面。丞相西曹主吏报告丙吉要开除此人公职。丙吉就说："仅仅因为喝大了就赶走他，他今后又去哪里容身呢？你还是忍忍算了，他只不过是弄脏了我车上的一张褥子罢了。"过了一阵子，这个小吏又在街上晃荡，刚好看见有人骑着驿站的快马手持赤白囊飞驰而过。这个小吏是边郡人，知道这是边关报警的紧急文书，于是赶紧跟过去到公车附近打听，还真是匈奴入侵云中、代郡。这个小吏探明消息立即回府报告丙吉并说出他的想法："既然有这样的军情，丞相您不如赶紧调出边郡所有长官的花名册，看看有哪些人已经因老病无法领兵，好有个预备。"丙吉觉得有理，立即让人调取花名册查看边郡长官的简历情况。没过多久，朝廷召集丞相与御史大夫进宫商量应对匈奴入侵一事，丙吉把预先准备的资料详细介绍出来，而御史大夫则因为对边郡情况茫然无知而被皇帝批评。皇帝还称赞丙吉是一位忧边思职的称职官员。出来后，丙吉感叹说："士无不可容，能各有所长。如果我不是事先得到了那个小吏的报告，今天怎么会得到皇上的勉励呢？"

丙吉去世后受谥为"定侯"，"定"在谥法里有"德操纯固""纯行不二"的意思。

（参见《汉书·卷七十四·魏相丙吉传》）

故事评析

丙吉为相后，有次路遇群殴死人，过之不问，没多久又看到有人追牛，牛喘吐舌，他就让人去问这牛被追逐了几里路了。之所以如此，是因为打架斗殴是地方治安事件，不应由他这种中央高官当道过问，相反，牛喘吐舌可能折射出节气问题，这关系到一年的收成与经济状况，所以他才去过问。这也体现了丙吉抓大放小的做事特点。正文故事中由于他的长者之风，结果让一位平日喜好游荡的小吏也有机会施展自己的特殊眼光与才能，而丙吉也因此受到表扬，并发出了"士无不可容，能各有所长"的感叹。事实上，每个人都会有他所擅长的方面，没准什么时候就能用上，至于能不能让人发挥所长，就看领导的眼光和安排了。

杀鸡焉用牛刀

　　县令是行政体系中不大不小的地方官，历朝历代都把在这个岗位就职作为官员熟悉政务的一段重要履职经历，甚至加以严格规定。比如唐朝就规定"凡官，不历州县不拟台省（尚书台、中书省这类中央机构）"。宋朝也规定"自今非曾经两任县令，不得除监察御史"。而有明一代若想出任六科给事中，其要求之一就是知县考满三年到部者。古往今来担任过县令的名人犹如过江之鲫，数不胜数。这其中既有不愿为五斗米折腰的彭泽县令陶渊明这种隐逸之人，也有一种放到县令岗位上可能会误事，可你却不能说他是没用废物，只能说是"大器不可小用，小士不可大任"的人。那么，请看那人那事：

　　庞统，荆州襄阳人。他小时候默默无闻，除了叔叔外没人看重他。庞统十八岁的时候，庞德公让他去见以知人而闻名的名士司马徽，当时司马徽正好在采桑，就让庞统坐在树下，两人从白天聊到晚上，司马徽十分惊异于庞统的才识，赞扬庞统真是南州士子的翘楚，自是庞统名声渐渐显扬开来。后来，庞统被本郡任命为功曹。在周瑜协助刘备夺得荆州后，庞统因功兼领南郡太守。周瑜病故后，庞统送丧至东吴，很多吴人都听到过庞统的声名，当庞统西归时，这些人便齐聚在昌门相送，里面包括不少名士。

　　刘备兼任荆州牧后，让庞统以州从事身份试任耒阳县令，结果庞统不理县政，被免除官职。闻听此信，东吴鲁肃写信提醒刘备说："庞士元非百里才也，你把他放在治中、别驾这样的岗位，才会让他施展开千里马的步伐哦。"其实庞统对自己也有一番毫不客气的自评："论王霸之余策，览倚仗之要害，吾似有一日之长。"可见他长于战略分析与规划组织发展蓝图，而不能适应一个县的催缴赋税、审理民事诉讼等各种琐碎事务。想到之前诸葛亮也有过推荐，刘备于是和庞统直接开聊，双方交谈十分愉快，刘备谈完就让庞统做自己的治中从事（州之佐吏），在亲密与礼遇方面仅次于诸葛亮。随着庞统几次战略分析都得到刘备的认可，很快他就和诸葛亮同被任命为军师中郎将。经庞统劝说后，刘备放下一时顾虑，顺应时势权变，毫不犹豫地拿下暗弱而无预备的益州牧刘璋。从此刘备坐拥二州之地，为将来称王称帝奠定了基础。但不幸的是庞统在夺取益州的战斗中为流矢所中身亡，时年三十六岁。

（参见《三国志·卷三十七·庞统法正传》）

故事评析

　　刘基曾说："君子之使人也，量能以任之，揣力而劳之；用其长而避其短，振其怠而提其蹶。"今日人力资源管理论及员工、工作与岗位分析时也常常强调让合适的人做合适的工作通常会产生较好的绩效。人与岗位相适应是一个简单却重要的概念，它把人的特点与工作的特点匹配起来。如果员工与岗位不相适应，理论上说要么改变或者重新安置这个人，要么改变岗位。比如说陶渊明就让他去作协或者酒厂任闲职好了。再比如银行客户经理的岗位职责需要每天与客户进行交流，那么一个不愿意讲话的人也许更适合其他岗位而不是这个客户经理岗位。总而言之，不同的人适合完成不同的工作。杀鸡焉用牛刀，而杀牛用水果刀显然也是不行的。"若以短任长，以大授小，委其不可而望其可，强其不能而责其能，如此则官虽能，才虽倍，无益于理矣。"所以，千万不要做出逼着千里马去抓老鼠那样的事情。

神童理财善用人

历代常有神童出现，他们小小年龄就体现出远超常人的天赋，后来有的进入治国理政领域，展现出丰富的知识与办事的高效，像唐代七岁能文的李泌与明代十二岁就参加童试的张居正都是此类人物。本篇介绍的刘晏也毫不逊色于他们。

在《三字经》中有"唐刘晏，方七岁，举神童，作正字"的话语，这说的是在公元725年，八岁（此处据《新唐书》记载）的刘晏写了篇颂文送呈刚完成封禅泰山大礼的唐玄宗，惊讶的皇帝让丞相张说考察这个孩子是否真有才能，张说一试之下回来报告："国瑞也。"唐玄宗当即任命小刘晏为从九品太子正字，刘晏由此知名，号神童，名震一时。

公元755年开始的安史之乱导致唐帝国陷入连年战乱，经济凋敝，人口锐减，国家几乎到了崩溃的边缘。这时担任过度支郎中领江淮租庸事的刘晏已经体现出了在理财方面的特殊才能，于是很快被提拔为户部侍郎，领度支、盐铁、转运、铸钱、租庸使。

刘晏有精力，多机智，变通有无，曲尽其妙。他主创了一个新的经济情报系统，高薪聘请了一大批腿脚快的吏员安置在各地驿站，观察和汇报各地物价，使得四方经济情报再远也能在几天里汇集到他手中，他再在掌握了这些情报的基础上通过挑选的一批精干官吏进行操控，很快就稳定了全国的经济形势。有一次京师食盐价格暴涨，刘晏设置的系统快速反应，立即从扬州调配了三万斛食盐运抵京师平抑盐价，整个过程不过四十天，人以为神。

刘晏去世后的二十年里，他选拔的理财官员像韩洄、元琇、裴腆、李衡、包佶、卢征、李若初这些人相继掌管唐朝的财政工作，都表现出色，有名于时。《新唐书》将他们的小传都附在刘晏之后，隐隐赞美了刘晏培植人才梯队延续事业的长远规划工作。而唐代宗在刘晏解决漕运四病，再次疏通帝国供应主动脉后称赞他说："卿，朕飂侯（萧何）也。"

刘晏在总结自己的工作经验时曾谈及如何用人："办集众务，在于得人。所以一定要挑选那些通敏、精悍、廉勤的士人来任用……士人若陷赃贿则沦弃于时，对他们来说名重于利，所以士人多清修；吏员虽廉洁但终无显荣，对他们来说利重于名，所以吏员多贪污。"所以出纳钱谷和审核财务这类事情，就算再小也要交给士大夫出身的官员来处理。而文书登记则让吏员承担。担任过吏部尚书的刘晏又通过官员定期考核和派出审计审查人员等办法来清理财政官员队伍，确保了其高效清洁的运转。据说即便是千里之外的财政官员，也是奉刘晏教令如在眼前。这些办法唯刘晏能行之，他人大概由于精力或者才能不够都无法完全复制这种作法。后来刘晏被人诬告，有其旧吏上书为其表功说开元、天宝以来的经济崩溃与人口急剧减少在刘晏调理下大为改善，刘晏"岂所谓有功于国者邪！"

（参见《新唐书·卷一百四十九·列传第七十四》）

故事评析

　　刘晏常年主抓经济与人事工作，他十分重视人才的遴选工作，在国家经费紧张，减少人员编制时，很多部门都不再进人，只有诸道租庸使缺额还可以补充，积数百人。刘晏根据古代官和吏的基本特征区分出两类人才特性，从而很好地做出了岗位职能划分，让他们均能扬长避短，发挥作用。至于在制度上的创新驱动则主要是他设置的诸道巡院情报系统了，这一套不仅在平抑物价方面，而且在赈济灾民方面也发挥了重要作用。而实际上，刘晏采取更多的还是"善治病者，不使至危急；善救灾者，勿使至赈给"的原则，对于轻重缓急总能提前预判。同样，他运用于人才政策也是提前就储备好相关人才而不是临时抓差。这大概就是神童的神奇所在吧。

第十编　育才养才抓根本

孟尝当户三千客

公元前 403 年，周威烈王封韩、赵、魏三家为诸侯，中国历史进入各诸侯国激烈对抗与兼并的战国时代。在这种对抗与兼并的过程中，各国都意识到人力资源的重要性，贵胄养士蔚然成风。其中最为著名的有齐国的孟尝君田文、赵国的平原君赵胜、魏国的信陵君魏无忌与楚国的春申君黄歇，后人称之为"战国四公子"。关于他们的典故与传说有很多，例如鸡鸣狗盗、窃符救赵、毛遂自荐、毋望之祸等。今天主要介绍的是孟尝君关于养士重要意义的一番高论。

孟尝君的父亲田婴是齐宣王的庶出弟弟，公元前 311 年他作为齐国公族为相。他有四十多个儿子。有次他的一名小妾在五月五日这天产下一名男婴，在当时迷信的说法里寓意不吉利，田婴就对孩子母亲发话说："别养活他！"可心疼孩子的母亲还是偷偷把他养活了。等孩子长大后，他的母亲便通过自家兄弟把他引见给田婴。田婴见了这个少年愤怒地对他母亲说："我不是让你别留这孩子吗？你竟敢把他养活了，这是为什么？"这个少年先是叩头行礼，然后谦恭地请教田婴说："您不让养育五月生的孩子，这是什么缘故啊？"田婴愤愤说："你是没听说过，人都说这五月出生的孩子，如果长到跟门一样高，就会对父母不利啊。"少年反问说："那您说人的命运是由上天决定呢？还是由大门决定呢？"田婴听了沉默不语。少年接着说："如果是由上天决定，那就无论如何都不会改变，您何必忧虑呢？要是命运由大门来决定，那么只要把大门加高就行了，谁还能永远高过门呢！"听完这些田婴感到这少年不错，就说："好了，你别说了。"就此认可这个儿子的存在。这个少年就是未来的孟尝君田文。

过了一些时候，田文趁空问他父亲说："父亲大人，请问儿子的儿子叫什么啊?"田婴口答道："叫孙子。"田文接着问："那孙子的孙子叫什么呢?"田婴答道："叫玄孙。"田文还不罢休又问："那玄孙的孙子又叫什么呢?"田婴犯难说："这我可不知道了。"于是田文说："您执掌大权担任齐国国相，到如今已经历三代君王了，可齐国的领土没有开拓，而您的私家却积贮了万金的财富，门下也看不到一位贤能之士。我听说，将门必有将，相门必有相。可现在您的姬妾可以践踏绫罗绸缎，而贤士却穿不上粗布短衣；您的奴仆吃剩下的肉羹，而贤士却连糠菜也吃不饱。现在您还一个劲地增加库藏积贮，想留给那些未来连称呼都叫不上来的人，却忘记我们国家在诸侯中一天天失势。我对这种行为私下感到很奇怪啊。"听到田文有这样一番见识，从此田婴对田文的态度大为改观，让他主持家政，接待宾客。随着田文不吝钱财厚待来宾，田婴门下宾客日益增多，而田文的名声也随之传播到各诸侯国中。各诸侯国都派使者来请求田婴立田文为继承人，田婴答应下来。田婴去世后，追谥靖郭君。而田文果然在薛邑继承了田婴的爵位，这就是孟尝君。

孟尝君在薛邑招揽各诸侯国的宾客以及犯罪逃亡的人，很多人归附了孟尝君。孟尝君宁肯舍弃家业也要给他们丰厚的待遇，因此使天下的贤士无不倾心向往。孟尝君每当接待宾客，与宾客坐着谈话时，总是在屏风后安排记录员，让他记录下自己与宾客的谈话内容，重点记下宾客谈及的亲戚住处。这边宾客刚离开，孟尝君就已派使者到宾客亲戚家里抚慰问候，献上价值不菲的礼物。还有一次，孟尝君招待宾客吃晚饭，有个宾客因有人遮住了灯亮看不清楚，就认为自己吃的饭食质量低人一等，于是放下碗筷就要辞别而去。孟尝君马上站起来，亲自端着自己的饭食给他看，结果都是同一规格的饮食。那个宾客惭愧得无地自容，就以刎颈自杀表示谢罪。消息传开，贤士中有很多人都情愿归附孟尝君。孟尝君对于来到门下的宾客都热情接纳一视同仁，都给予优厚的待遇。后来这里面的鸡鸣狗盗之徒还真发挥了作用，在公元前299年利用自身的一技之长帮助孟尝君逃出了秦国。

（参见《史记·卷七十五·孟尝君列传》）

故事评析

　　后世王安石曾写了篇短文《读孟尝君传》，其中批评对门客不加采择的孟尝君是"鸡鸣狗盗之雄耳"，说正是因为他的这种行为才导致那些真正能够治国安邦的人才不愿前来与之为伍。但是放在特殊的历史时期来看，在荐举与科举制度产生之前，战国的养士之风有其特殊的政治与经济背景。孟尝君的做法固然有其不妥之处，但是为了国家利益尊重人才和集结人才却是没有错的。在多达三千人的门客体量下，通过考察，确实也有弹铗长歌的冯谖这样的人物能够青史留名。后来统一六国的秦国同样实行人才战略为国家储备培养人才，吕不韦为相时也是"至食客三千人"，与战国四公子旗鼓相当，吕不韦的这些食客里就包括了李斯这样的人才。

左雄论用人育才

公元 125 年汉顺帝新立，大臣懈怠，高层决策多有错漏。尚书仆射虞诩针对当时官场"白璧不可为，容容多后福"的风气推荐了左雄，左雄后来迁尚书令，并上疏对朝廷的用人制度提出了他的建议，其主要意思如下：

臣闻怀柔远方和安抚内地，没有比安定人心更大的事情，安定人心首要在重用贤人，而用贤之道则一定存在考察与罢黜这样的方法。所以皋陶当年对大禹说贵在知人。过去汉宣帝知晓民间疾苦，对于刺史守相这些地方官吏都亲自接见，考察他们的言行，信赏必罚。宣帝当时感叹说："老百姓所以安定而不抱怨，全在于政治公平和官吏循良。与我共同治安天下的，不就是这一批两千石的官员吗！"考虑到地方官吏如果时常更换则下不安业，而如果地方官吏可以在当地长期教化则百姓顺服。所以不轻易更换地方官吏，对于治理地方有成效的官吏勉励表彰并发放奖金，加爵到关内侯，且有机会递补中央高级官员。于是造成了"吏称其职，人安其业"的良好政治局面，从而建立了中兴之功。

汉初至今，三百余年过去了，社会风气发生很大变化，在下的虚伪掩饰，在上的凶残苛责。百里大小的行政区域都转动无常变换官吏，以至于基层官员很少考虑施政的长远意义。他们把残杀无辜当作威风凛凛，把聚敛钱财当作精明能干，而把奉公守法看成是顽固不化，视理已安民为软弱无能。地方官吏视百姓如仇家，横征暴敛犹如豺狼虎豹。监察部门见到非法活动不举报，听到作恶多端不去审察。考核官员言善不以德衡量，论功不根据事实，结果让那些虚伪夸诞的人赢得声誉，拘谨认真的人反而遭到各种诋毁。州郡长官辟召下级官吏不认真审查，全看私人感情和利益，有的人快速升职，破格提拔。而一些犯事官吏不但得不到及时惩处，还能通过朝廷大赦或直接行贿而洗白。以至于整个吏治出现"朱紫同色，清浊不分"的怪相。地方官员里奸猾之徒泛滥，他们轻忽去就，拜除如流，缺动百数。这些乡官部吏的俸禄与车马衣服都来自民间供应，谦者取足，贪者充家，特选横调，纷纷不绝，送迎烦费，损政伤民。如今的天下"和气未洽，灾眚不消"，问题全出在这里。

臣以为像守相长吏这一级官员，对于其中性格惠和又治理地方有显著成效的一批人，可以增加他们的俸禄，但是除了父母之丧不得去官调换。而那些不从法禁，不式王命的官员就算遇到大赦也不能再继续为官。如果遭到劾奏却逃跑不归案的，则把全家发配去边郡以惩其后。今后乡部亲民之吏，都要用清白人格的儒生充任，宽其负算，增其秩禄，吏职满岁才可以得到宰府州郡的推荐辟举。如此一来，就能堵住作威作福官吏的晋升之路，断绝弄虚作假的根源，减少迎来送往的花费与罢免各种苛捐杂税。从此，循理之吏得以教化百姓，率土之民也能各宁其所。而圣上您也可以"追配文、宣中兴之轨，流光垂祚，永世不刊"。根据史书记载，尚未成年的小皇帝阅读此章后大为感动：申下有司，考其真伪，详所施行。然而通过"西钟政变"登基的汉顺帝此时还不能独立施政，乳母与宦官"十九侯"还能左右他的实际决策。于是左雄这篇奏折最终还是被束之高阁。左雄指出的那些问题也愈演愈烈，"自是选代交互，令长月易，迎新送旧，劳扰无已，或官寺空旷，无人案事，每选部剧，乃至逃亡"。

四年后，左雄又建议修缮太学，增加太学生名额。还有就是对察举制进行改革：要求正常情况下年龄不满四十的孝廉不得察举为官，这类人要先到公府实习具体工作，在实际工作中考察他们有无才干，"练其虚实，以观异能"后才能举孝廉正式出任官吏。此外，若有茂才异行的，可不受年龄限制。第二年广陵郡有个徐淑不到四十就以举孝廉上报朝廷，台郎问是怎么回事，徐淑辩解说诏书上有"有如颜回、子奇，不拘年齿"这句话。左雄就问徐淑："昔日颜回闻一知十，孝廉你闻一知几邪？"徐淑无言以对，被打回本郡，推举他的郡守也被连坐免职。这一年有济阴太守胡广等十多个官员因为"谬举"而被罢黜，只有三十多名孝廉通过审核成为郎中。从此牧守们再不敢随意照顾关系举孝廉。这项政策一直延续到公元145年，十余年间"察举清平，多得其人"，陈蕃、李膺这样的举孝廉名臣得以涌现。

（参见《后汉书·卷六十一·左周黄列传》）

故事评析

　　左雄的用人建议主要集中在稳定地方官吏队伍和维护察举制可靠性上。汉帝国的官方哲学是儒家经学，所以确保基层官吏队伍素质的指导理念也必定是来自儒家经典。儒生被认为是可以"修己以安人"的循吏的主要来源，所以要加强太学的高等教育建设，又要让察举制具有更多的可操作性。现在政府注重基层干部的选拔培养以确保施政实效，还有很多企业对生产一线的干部进行精心挑选以确保品控，这样的思路与左雄也是如出一辙。

非学无以广其才

虽然成才的道路千差万别，但"人非生而知之者"，无论走哪条道路，都绕不过学习这一步。后赵皇帝石勒虽然不识字，但是总叫人讲历史故事给他听，来增长政治与军事斗争知识。古诗里说"刘项原来不读书"，但这里的"不读书"只是说他们不进行那种皓首穷经般的读书罢了，并不是说刘邦和项羽从小就不接受任何教育。例如刘邦就进过私塾，同学里有后来的燕王卢绾。起义后他周围的萧何、张良、陈平、叔孙通都给他很多启发。等他当了皇帝更是服膺陆贾说的"不能马上治天下"。让陆贾总结历史经验，写出《新语》十二篇呈送给他阅读。可以说，古代的政治家都很重视教育，把督促激励学习、创造学习条件和自己带头学习看作是培育人才的重要手段。诸葛亮告诫儿子说："才须学也，非学无以广其才。"王安石则记录了天才少年方仲永的因为没有坚持学习而最终"泯然众人矣"。

三国时期，军事斗争残酷，但是国家领导人如曹操与孙权都对自己的学习经历津津乐道。曹操在《让县自明本志令》中回忆自己年轻时为官刚正，但后来恐为强豪所忿而致家祸，而自己还非常年轻，所以就辞官回家乡，修建了精舍，"春秋读书，冬夏射猎"，准备等天下清平了再与同龄人一起出来做事。东吴使节赵咨曾向曹丕形容孙权的读书情况："任贤使能，志存经略。少有余闲，博览书传，历观史籍，采其大旨，不晓书生寻章摘句而已。"孙权不但自己读书，还鼓励他人多读点书，于是留下了著名的孙权劝学典故：

起初，孙权对吕蒙和蒋钦说："你们如今都当权主事了，要多学习来使自己受益啊！"吕蒙这个人从基层一路靠武功做上别部司马、平北都尉、横野中郎将、偏将军……，从来不觉得自己要靠读书出成绩，于是就说军中事务实在太多，每天一睁开眼就纷至沓来，根本腾不出空来读书。孙权听吕蒙这样说，就讲："我又不是要求你去研究经典成为儒学博士，只不过想要你多了解一些过去发生的事情。你说你事情多忙得不可开交，难道你还比我更忙不成？我少年时也读过《诗经》《尚书》《礼记》《左传》《国语》，只是没读过《易经》。自打做了江东统帅以来，我又翻阅了《史记》《汉书》《后汉书》和各家兵书，自以为大有所益。"领导谈了个人体会，又开出了书目，执行力与悟性原本就很强的吕蒙从此开始勤奋读书。过去鲁肃总以为吕蒙不过是一介武夫，不太瞧得起他。后来鲁肃接替周瑜当了全军主帅，有次经过吕蒙驻扎的地方，发现吕蒙的谈吐与风姿和过去判若两人，甚至还有点说不过他。这让鲁肃大为惊讶肃然起敬，他拍着吕蒙的后背说："我听说你过去只有武略，但从今天看，你的学识英博，再也不是当年的吴下阿蒙了。"吕蒙也俏皮地回答："士别三日，就该重新刮目相看啊。"

（参见《三国志·卷五十四·周瑜鲁肃吕蒙传》）

故事评析

孙权为什么要力劝吕蒙读书？因为他看准了吕蒙是一个难得的后备人才，值得培养。培养的时候就要注重帮他补足短板，对于吕蒙这样天赋极高且出身行伍的人来说，要完成从理性的认识到革命的实践这一个飞跃，加强平时学习显然就成为一个最佳的培养方案。事实上，通过以历史为主的泛读学习，吕蒙的军事才能得到了更多的精神淬炼，成长为一名真正的智将。公元215年，吕蒙攻取长沙、桂阳、零陵三郡，其中劝降零陵太守郝普的一番话可谓深谙人性，一下抓住郝普的弱点。此后又施展白衣渡江的计策夺取荆州，从此东吴政权势力延伸到三峡以东、长江以南的广大地区。周瑜、鲁肃、吕蒙与陆逊四大都督的完美接棒正是在孙权的任贤使能与鼓励学习下顺利完成的。

南迁制度新

  五岁的北魏孝文帝拓跋宏于公元 471 年受父禅即帝位，他的奶奶冯太后临朝执政。冯太后对鲜卑化的朝廷进行了一系列中央集权改革，整顿吏治，改革制度。此处要特别提出的是，北魏早年发家于游牧民族部落联盟，官员收入主要是通过班赐制度（朝廷赏赐）而非俸禄制度获得，而此时北魏建国已久，国家收入主要来源已从战争掠夺变为农耕生产，因此冯太后执政期间假拓跋宏之名发布了诏令，在北魏实施俸禄制，这无疑是一个制度上的进步。拓跋宏从小由奶奶抚养长大，深受其改革思路影响。公元 490 年，冯太后去世，拓跋宏正式亲政并进一步推行改革。公元 494 年，他以南伐为名迁都洛阳，开始全面改革鲜卑旧俗，在此过程中，有不少大臣上书阐述了对于新制度的设想，这其中就有中书侍郎韩显宗的两段高论。

  韩显宗是冠军将军韩麒麟的次子，只比孝文帝大一岁，后来他们于同年离世。韩显宗小时候异常聪明，有过目不忘之能。有次他和三齐一带的聪明和尚法抚比较短时记忆力，两个人同时把抄有上百人名字的名单看了一遍之后背诵出来。法抚记错了两个，韩显宗却是全部正确。后来韩显宗举秀才，对策甲科，除著作佐郎。当车驾南讨时，兼中书侍郎，后为本州中正。下面节选的两段高论就来自孝文帝迁都洛阳一事确定后韩显宗的上书：

  如今州郡的贡察，真是徒有其名，秀才、孝廉往往是有名无实。负责举荐的官员只看他们的出身名望来确定人选，选人不当也不会受到任何弹劾和连坐。非要这样的话，不如把有名望的人单列出来评定，何必假冒秀才和孝廉的名头呢？说到门第名望，那都是他们的父祖遗留下来的，对于当今的皇上有什么用呢！真的对当前国家有益的是真正的贤才啊。真要有才学有本事，就算他原来是屠夫、渔夫、奴仆、俘虏，圣明天子也不以用这样的人才为耻。大才受大官，小才受小官，各得其所，人才就会呈现和乐的样子。现在居然还有人说，社会上没有奇才，还是不如在门第高的家庭里挑人，这就是胡说，难道世间没有周公和召公，就要废除宰相这个岗位了吗？只要校其有寸长铢重者，像以前一样认真评定，就不会遗漏人才。

（迁都到洛阳后）我看居民们现在都是根据官位大小来选择居住地，而不是按照族类（此处指大职业种类）来居住。但是官位不是一个恒定的东西，有朝荣而夕悴的变化发生，那么若干年后今天的居住格局就可能被打乱，人们龙蛇混杂住在一块。像古代的君王都是把士、农、工、商分别划区居住，就是希望他们能业务确定而心志专一。这样一来，成天耳濡目染，不用父兄监控督促也能有所成就。当初太祖道武皇帝创立基业，日不暇给还要把士大夫阶层与普通老百姓区分开来，不许他们在一块杂居。设想一下，如果人们混居在一块，这边吹拉弹唱，缓舞长歌；那边却是严师苦训，诵诗讲礼。如果让男孩子们随意选择去哪边的话，他们肯定都跑去看跳舞啊，一个都不会去学校。所以一定不能让他们在一块杂居。孔老夫子说的里仁为美，还有孟母三迁的经典故事，说的就是这个重要道理。让歌舞伎学士大夫家庭的风礼，一百年都不见得成功；让士大夫家的小男孩去学表演，那当天就能见到效果。所以说士人同处，则礼教易兴；伎作杂居，则风俗难改。如今我们搬到洛阳，城市规划怎么搞，都是皇上您一句话的事情。请考虑我前面的建议。

（参见《魏书·卷六十·列传第四十八》）

故事评析

　　在没有科举考试之前，很多君王用人时都难免受到门第名望的吸引。毕竟除了家学之外，这背后还牵连着大家族的既得利益与巨大人脉。韩显宗这次上书之后并没有彻底解决这一问题，后来孝文帝又出现过思想上的反复。当时李冲又拉上韩显宗与孝文帝说明此理，问孝文帝置官列位是为了膏粱子弟，还是为了国家治理？秘书监令的儿子就能胜任秘书郎的岗位吗？关于根据大职业划分居住区域的建议在今天也有很多类似考虑，比如设置产业开发区、大学城等，其目的都是集中资源与培养人才。年轻人住在这种行业单位聚集的地方往往可以接触到行业内最丰富最前端的信息，这对于他们成为该领域的行家里手大有裨益。

张九龄论人才选拔与培养

写出"海上生明月，天涯共此时"名句的张九龄是盛唐时期名相，他是岭南神童，七岁就能写文章，十三岁上书干谒广州刺史王方庆，王方庆惊叹这孩子"是必致远"。

张九龄二十九岁时进士及第，被任命为校书郎。后来太子李隆基亲自主持道侔伊吕科策问，张九龄对策优秀，被提拔为左拾遗。从这个制科的名称也能看出当时还不满三十岁的李隆基对于治理国家充满了自信与热情，因为伊吕是两位古代著名辅弼重臣伊尹与吕尚的简称。所以在李隆基刚即位时，还没去郊外祭祀上帝诸神，张九龄就上书建言新领导上任后的人才建设问题，他从西汉地方官冤枉杀死孝顺媳妇（名剧《窦娥冤》的故事原型）导致气候异常的事情说起，指出必须重视守令的选择与培养，还要扭转当时的一些不良风气。

建言的大致内容简译如下：

昔日东海地方官冤枉杀死孝妇，导致出现好几年旱情。一个地方官审案糊涂导致一名妇女死于非命，就连老天都看不下去要昭示其冤。何况六合之内有如此众多的人，如果县令与刺史这两级地方官不称职，那么将引起的水旱失调，又岂止如这妇女所引起的一起。如今我们的这些刺史，靠近京城地区的还算是精心挑选，但是江、淮、陇、蜀、三河这些地方的大城市之外就有点粗率了。一些京官犯了错或不称职，甚至有一些京官因为攀附的势力衰弱，都会被外放成为刺史，还有一些武夫和流外官因为资历积累到一定程度也成了刺史。刺史都是这样没怎么考虑其治理才能就进行任命，何况县令？氓庶百姓是国家的根本，刺史和县令都是务本岗位，务本岗位一方面被那些追求高官的人嫌弃，一方面做不好就会伤害很多普通人，让中央的好政策不能实现或者停滞。过去的刺史入为三公，郎官则要出宰百里，有一个中央与地方官之间的良性循环。可是今天朝廷官员得意的是入而不出，觉得留在京师这样的政治中心，声名所出，从容附会，不勤而成，很快就能攀上高枝或者展示才华跃升高位，实在是大利都在京城而不在京外。那么出于人性考虑，那些优秀的智能之士，安肯复出为地方上的刺史与县令呢？所以我认为今后治理要确保质量，就必须重视守令的选拔与培养。只有守令的岗位受到重视，优秀的人才才会去填补这些岗位。我以为今后可以这样规定：凡是没有担任地方都督、刺史经历的官员，就算门第高贵，也不得担任中央的侍郎、列卿；没有做过县令的官员，即便有好的考绩也不得担任台郎、给、舍这样的职务；就算是偏远地区的守令任职也不得超过十年。如果不采取以上补救措施，我恐怕天下还是不能得到有效治理。

还有就是古代选拔官员，唯取称职，所以人们注重平素的品行而不去追求侥幸得官，如此奸伪自止，流品不杂。如今我们的治理水平还不如上古时期，而事务性的工作又成倍增长，根本原因就在于没有正本却追求末端的技巧去了。所谓末端，就是那些动辄千万的规章制度与文山会海，这就让那些沉溺于文墨的刀笔之人和巧史猾徒有机会施展自己的奸猾得到重用。我认为人们制作各类文书记录，本意不过是为了防止遗忘罢了，如今却追求记录的精致完美，陷于文牍主义，而忽略人才真实的办事能力，这简直就是一种刻舟求剑的行为。现在吏部说是能干的人，都是主簿与丞一类位置上的人，这都是平时主要负责文书写作的副职官员，却不考察他们的贤与不肖，岂不谬哉！话说吏部尚书、侍郎，都是因为贤德而被授官，他们难道还看不出谁是人才吗？就算识别人才不是一件容易事，拔十得五总能达到吧。如今胶以格条，据资配职，为官择人，可能将来占据各官曹的都是一些能写空文却不能实干的人哦。

现在的选部之法，最大的弊端在于不变。如果地方上能严格考校人才，然后再送中央选拔，中央再以最终选定（和落选）人才的多少作为某种考核地方工作的标准，那么地方上就会很谨慎地推举人才，推举上来的人才里能任官的也就多，吏部也能从中得益。而现在的情况是一年可能有上万的"人才"抵达京师，耗费大量的粮食物资，这是人才多吗？这只是很多滥竽充数的人被推举了上来而已。然后再从这些人里以一诗一判来确定高下，肯定会导致人才选拔上的遗失。还是要坚持长期考察多方监督，通过清议促进官员们的修节守志。朝廷以令名进人，士人们也以修名获利。通过这样的导向提倡促使人们讲求品行，如此一来就可以避免朋党与营私的问题。所以在用人这个问题上应该始终坚持动态考察品行高下，有了这样的评价体系，官员们就不会妄干胡作非为，天下之士也必定会以高标准刻意修饰，如此一来刑政自清，这就是国家兴衰的大端啊。

后来张九龄以左补阙之职与右拾遗赵冬曦四次奉命参与吏部评定官员等第，他的许多主张得以践行，当时的人多认为可公允服人。张九龄自己也是砥砺品性，热爱学习与文艺创作，所以后来唐玄宗遇到用人，必定要问："风度能若九龄乎？"

（参见《新唐书·卷一百二十六·列传第五十一》）

故事评析

关于施政不当引起气候异常是古人劝谏皇帝天子常用的一个理由，现代人可以更加客观地看待这种认识，意识到这种认识也是对高度中央集权条件下天子行为的某种限制，使其不可为所欲为。本则故事中张九龄的上书主张重视地方官的人选与培养，纠正重内轻外风气；而选官则应重贤能，不循资历，尤其是不能只看重文书写作能力。这些问题放在今天的许多组织中也有不同程度的存在，所以很多组织都要求高级或上层岗位必须有基层或一线履职经历，也反复提醒自身不要陷于文牍主义的选人模式中。张九龄的许多建议在今天依然有借鉴意义。

狄青也要读《春秋》

　　宋太祖赵匡胤被部下黄袍加身当了皇帝，为防止历史重演，他很快在一次宴会上对石守信等大将进行威逼利诱，让他们交出了兵权，史称"杯酒释兵权"。这之后，北宋政权又进行了一系列政治军事改革，加强了中央集权，但是某些举措也矫枉过正，违背了军事规律，让北宋军队的战斗力遭到削弱。不过，任何制度改革的初衷都不可能是追求让自己失败，在制度的调整过程中，基于实战的需要与考验，依然会产生一些优秀的人物，"面涅将军"狄青就是其中一员。

　　据史书记载，狄青是汾州西河（今山西汾阳）人，擅长骑马射箭，起初是骑御马直的骑兵，后来被选为班直禁军的散直。公元 1038 年，西夏李元昊称帝并很快发动了对宋战争，为此宋仁宗下诏挑选禁军卫士参加戍边军队，狄青就是在这一年以三班差使、殿侍、延州指挥使的身份前往宋夏前线作战。当时地方上的偏将多次被西夏军打败，士卒们多有畏惧怯战情绪，狄青到了前线后经常身先士卒作为先锋冲在最前面。前后四年，共经历大小二十五次战斗，八次被流箭射中，数次攻破敌方城池和部族。曾经在安远有一场战斗，狄青身受重伤，可一听说敌人来犯，马上就起身上马奔赴战场，士卒们争先恐后地冲在他前面，为他所用。他常披散头发，戴着一个铜面具在敌军中杀进杀出，西夏兵看见他如同鬼魅的身手都纷纷溃散，可谓所向披靡。

　　当时尹洙担任经略判官，狄青以延州指挥使身份前去与他会面。尹洙和他谈论军事，认为他对行军作战非常擅长，就向自己的领导经略使（相当于战区司令）韩琦、范仲淹推荐说："这是良将之才。"韩琦、范仲淹一见狄青也认为他是很出众的军官，对他非常看重。范仲淹拿出一部《左传》送给狄青说："身为一名将军，如果不了解古今历史，那也不过是有着匹夫之勇的人罢了。"从此狄青改变旧日习惯，努力读书，全面透彻地了解了秦、汉以来将帅的用兵策略，他也因此而更加知名。

狄青从行伍中奋斗起家，十多年就显贵了，可脸上当年入伍时刺的墨字却一直还在。宋仁宗皇帝特意敕令允许他敷药除去字迹，但狄青却指着自己的脸说："陛下凭借我的功劳来提拔我，不责求我的出身门第，我之所以有今天的成绩，正是因为这刺下的墨字在不断激励我奋进，我希望留着它们用以鼓励军中其他将士，因此不敢奉诏。"

狄青为人谨慎缜密很少言语，谋划事情一定看准机会以后才去施行。军队出发前一定先搞整顿，明确赏罚。他作为将军常常同士兵一起忍受饥寒劳苦，因此即使遭受敌人突然攻击，也没有一名士兵敢退后，所以狄青出战时大多会有战绩。狄青还尤其爱把功劳推给偏副将领。公元1052年，他和安抚使孙沔镇压了广西侬智高的叛乱。当时军事计谋基本出自狄青，可等叛乱平定后，狄青却把功劳都归功于文官出身的孙沔，仿佛自己是没出过什么主意的人一样。孙沔起初赞叹他的勇敢，在这件事之后又佩服他的为人，自认为比不上武将狄青。

在狄青死后的公元1068年，决意全面改革的宋神宗考次近世将帅，认为狄青起于行伍之间却能够声名震动中原和边疆各地，为人深沉又有智谋，能够凭敬畏和谨慎保全终始，感慨之下非常思念他，就命人把狄青画像拿进宫中，亲自写了篇祭文，让人带着中牢去狄家祭奠。

（参见《宋史·卷二百九十·列传第四十九》）

故事评析

　　南宋政论家叶适在《习学记言》中认为："若狄青、岳飞辈，盖数十百年而一，有寥落相望，无复继者，则其为存亡安危所系。"狄青从一名士兵成长为高级军官，并且能够在北宋重文轻武文官治军的体制下进入中枢，实属难得。这里不得不看到狄青在范仲淹鼓励下加强文史学习这一因素，这让狄青的认知水平超出了普通武夫从而得到文官体系的一定认可。后来宋神宗诏命校订《武经七书》，也是为了让当时的军官可以学习优秀的军事理论，而不仅仅是只知道冲锋陷阵。培养军事人才需要理论的加持，其他许多领域的人才培养同样也离不开理论的提升。

万言有意养人才

　　培养人才当然没有发掘人才来得直接，它是长期行为，不是权宜之计，不是个例，往往需要几代人的共同努力才能造就和实现其效益，因而被称为百年大计、千年大计。人才的繁殖和接续，主要是靠培养和教育作为媒介。统治者在掌握国家政权，边防平静时，大可以利用发展学校教育的手段来培养自己所需要的各种人才。这种用一定的指导思想和模式所培养出来的人才，对巩固和加强那个时代的统治往往有积极的作用。

　　教育机构在中国古代主要有三种类型：官学、私学，以及介于两者之间的书院。官学起源很早，西周就有国学、乡学之分，秦国统一后一度推行"以吏为师，以法为教"制度，取缔了各种私学。而汉朝则在汉武帝时确立太学制度，采纳董仲舒"天人三策""臣愿陛下兴太学，置明师，以养天下士，数考问以尽其材，则英俊宜可得也"的献策，集中国家优质的师资资源来培养具备儒家伦理和政治思想的士大夫阶层。其学生人数在最高峰时曾达到三万余人。另外在东汉时期还设立了四姓小侯学（外戚及功臣子弟学校）和鸿都门学（文艺专科学校）。以后历代学校多有基于此的变化发展，除了儒学学校外，还设立了诸如医学、算学、律学的专科学校。元初则增添了蒙古国子学和回回国子学的民族学校。求才是探寻访求人才，而通过学校则是教育养成人才。开明卓见的政治家意识到这个根本所在，往往对于学校教育"欲有所施为变革"，比如北宋时期的王安石。

　　王安石是中国历史上著名的改革家之一，他所推动的"熙丰新政"对北宋的政治、经济、军事和文化教育等诸多方面进行了一系列大刀阔斧的改革。

　　早在公元 1058 年，王安石就在《上仁宗皇帝言事书》中认为，要消除当时社会存在的财力日困、风俗败坏等种种弊病，一定要解决人才问题。改革必须从教育入手，培养有用的治国安民人才，并且形成完善的人才管理制度，才能带动整个国家法度的变革，于是等到十年后他主政时就推行了"熙宁兴学"。

　　首先是改革太学，创立"三舍法"。他一方面扩大太学的规模，增强师资力量，另一方面将太学分为外舍、内舍和上舍三等，学生依学业程度，通过考核依次升舍，不同等（舍）的学生分别拥有直接授官、免发解、免省试等待遇。如此把学生的学行优劣与他们的前途结合，三舍考试与科举考试结合，融养士与取士于太学，刺激了学生的学习积极性，也提高了太学的地位。其次是恢复和发展州县地方学校。再次是恢复和创设武学、律学和医学，利用专科教育为国家输送特殊人才。最后是改革考试制度，"罢诗赋及明经诸科，以经义、论、策试进士"。王安石又主持编写了《三经新义》，作为正式教材颁发给全国各级官学。其中既主张学习"朝廷礼乐行政之事"，也强调学习"武事"，力求人才文武兼备。这一番"教、养、取、任"操作下来，整个北宋官学教育与科举考试面目一新，其中也涌现出不少参与新法变革的骨干人才。

　　（参见《宋史·卷十六·本纪第十六》《宋史·卷三百二十七·列传第八十六》）

故事评析

"天下之患，不患材之不众，患上之人不欲其众；不患士之不欲为，患上之人不使其为也。"王安石推行改革时很有积极变化与崇尚实用的观念先行。所以他坚信只要改革现有教育体制就能有效调动学生和老师们的主动性与积极性，让他们循着国家指引的方向去"教育成就"自己成为国之栋梁。过去的明经偏重死记硬背，诗赋太风花雪月，都不切实用，"其能工也，大则不足以用天下国家，小则不足以为天下国家之用"，无法应对北宋政府面临的诸多现实问题。王安石改革要的是"遇事而事治，画策而利害得，治国而国安利"的人才，强调国家兴学设教的根本目的在于培养"为天下国家之用"的人才。作为一位以天下兴亡为己任的政治家，王安石绝不能让韩非子描述的"所养非所用，所用非所养"悲剧在北宋官学身上重演。

当前，很多企业都拥有或正在创建企业大学。它们无一不是在利用自己掌握或与社会联合的教育资源按照企业发展的理念培养自己所需要的人才，通过如《三经新义》般的内部教材灌输企业文化和培养高级人才。你需要什么人才，你就要主动去教育之，成就之，这就是王安石"熙宁兴学"给我们的启示。你也有意吗？

朱元璋文治的罗列

在中国历史上的大一统开国君主中，出身最为贫贱的就是朱元璋。他十七岁时家乡濠州（今安徽凤阳）遭遇大饥荒，父母兄长相继饿死。孤苦无依的他入皇觉寺为僧，二十五岁参加红巾军反抗元朝。公元1368年，四十岁的他在应天府（今南京）即皇帝位，国号大明，从此执政长达三十年直至病逝。"十五载而成帝业。崛起布衣，奄奠海宇，西汉以后所未有也。""武定祸乱，文致太平，太祖实身兼之。"

至正十六年（公元1356年，下略去至正纪年对应公元年份）九月戊寅，如镇江，谒孔子庙。（至正十二年朱元璋加入红巾军）

至正十八年，"所过不杀，收召才隽……辟范祖干、叶仪、许元等十三人分直讲经史"。这一年朱元璋三十岁，努力学习提升军政能力的经史典籍。

至正十九年，"命宁越（今浙江金华）知府王宗显立郡学"。

至正二十年，"置儒学提举司，以宋濂为提举，遣子（朱）标守经学"。这一年朱元璋在卢龙山（今南京狮子山）亲自督军大败陈友谅。

至正二十四年，朱元璋即吴王位，"命中书省辟文武人才"。上一年，朱元璋在鄱阳湖大败陈友谅号称六十万大军。

至正二十七年，三月"始设文武科取士"，十月"遣起居注吴琳、魏观以币求遗贤于四方"。

洪武元年（公元1368年，下略去洪武纪年对应公元年份），二月"以太牢祀先师孔子于国学"，闰七月"征天下贤才为守令"，八月"有

283

司以礼聘致贤士，学校毋事虚文"。九月诏书："天下之治，天下之贤共理之。"十一月"遣使分行天下，访求贤才。"

洪武二年，"诏修《元史》"。"诸王子受经于博士孔克仁。令功臣子弟入学。乙亥，编《祖训录》。""诏天下郡县立学。"

洪武三年，"诏求贤才可任六部者"。"诏守令举学识笃行之士。设科取士。"

洪武四年，"诏设科取士，连举三年，嗣后三年一举"，此时天下刚获统一，急需人才充实官僚体系。

洪武五年，"诏以农桑学校课有司"，将兴办教育作为考核地方官员的一项指标。

洪武六年，"谕暂罢科举，察举贤才"，朱元璋讲究务实高效，讨厌虚文，所以这一年有暂停科举恢复察举的政策。

洪武七年，"修曲阜孔子庙，设孔、颜、孟三氏学"。

洪武八年，"诏举富民素行端洁达时务者"。

洪武十年，"选武臣子弟读书国子监"。

洪武十二年，"征天下博学老成之士至京师"。

洪武十三年，"诏举聪明正直、孝弟力田、贤良方正、文学术数之士"。"命群臣各举所知。""命天下学校师生，日给廪膳。"

洪武十四年，"命新授官各举所知"。"命公侯子弟入国学。诏求隐逸。颁《五经》《四书》于北方学校。"此处的"举所知"出自《论语·子路篇》，仲弓问孔子："焉知贤才而举之?"孔子回答说："举尔所知，尔所不知，人其舍诸。"朱元璋这两年要求所有官员包括新授官员都要推荐自己知道的人才。

洪武十五年，"太学成，释奠于先师孔子"。"遣行人访经明行修之士。""复设科取士，三年一行，为定制。""擢秀才曾泰为户部尚书。命征至秀才分六科试用。吏部以经明行修之士郑韬等三千七百人入见，令举所知，复遣使征之。赐韬等钞，寻各授布政司、参政等官有差。"

洪武十六年，"初命天下学校岁贡士于京师"。

洪武十七年，"颁科举取士式"。"增设国子学舍。"

洪武十八年，"初选进士为翰林院、承敕监、六科庶吉士"。"诏有司选孝廉。"

洪武十九年，"诏举经明行修练达时务之士。年六十以上者，置翰林备顾问，六十以下，于六部、布按二司（布政司、按察司）用之"。

洪武二十三年，"授耆民（年高有德之民）有才德知典故者官"。

洪武二十七年，"遣国子监生分行天下，督吏民修水利"。

洪武三十年，"重建国子监先师庙成"。

洪武三十一年，崩于西宫，年七十有一。

（参见《明史·卷一至三·太祖本纪》）

故事评析

　　淮右布衣朱元璋起于元末乱世，在李善长、徐达等人辅佐下统一华夏建立大明王朝。早在戎马倥偬、军务繁忙的时代，他就已经懂得要加强自身学习，访求招揽人才，尊孔设学校。这样的姿态不仅加强了自身队伍的人才方阵，对于广大知识分子与群众也有很强的吸引力，政权认可度比较高。这是他击败恃富恃强的张士诚、陈友谅之辈的重要原因。

　　随着政权的建立，急需大量人才，朱元璋曾经连续三年举行科举考试。由于他追求务实高效的管理理念，所以曾在荐举与科举的优劣之间有所摇摆：虽然很快建立完备太学、郡学等教育体系，要求皇族与高级官员子弟接受教育，但也多次运用皇帝集权的优势不按年龄、学历、资历选拔官员。通过反复比较，朱元璋最终还是确定科举为选拔人才的主要方式。洪武六年罢科举后，洪武十五年又重新恢复了科举三年一行的定制。让进士们先进翰林院体验政务作为储备干部，等发展到明英宗后更有惯例：非进士不入翰林，非翰林不入内阁。

由此可见，直接选拔与注重长期培养是人才队伍建设的两个重要手段，只要运用得当，适应形势发展变化，注重在实践中考察与使用人才，人才战略就能取得巨大成效。